# Esthétique
# de la chanson française
# contemporaine

## Univers Musical

*Collection dirigée par Anne-Marie Green*

La collection *Univers Musical* est créée pour donner la parole à tous ceux qui produisent des études tant d'analyse que de synthèse concernant le domaine musical.
Son ambition est de proposer un panorama de la recherche actuelle et de promouvoir une ouverture musicologique nécessaire pour maintenir en éveil la réflexion sur l'ensemble des faits musicaux contemporains ou historiquement marqués.

### Déjà parus

Sophie ZADIKIAN, Cosi fan tutte *de Mozart*, 2007.
Antonieta SOTTILE, *Alberto GINASTERA. Le(s) style(s) d'un compositeur argentin*, 2007.
Deborah PRIEST, *Debussy, Ravel et Stravinski : textes de Louis Laloy (1874-1944)*, 2007.
Ronald LESSENS, *GRÉTRY ou Le triomphe de l'Opéra-Comique*, 2007.
Patrick REVOL, *Conception orientale du temps dans la musique occidentale du vingtième siècle*, 2007.
Jean-Louis BISCHOFF, *Tribus musicales, spiritualité et fait religieux*, 2007.
Claire HERTZ, *Salsa, une danse aux mille couleurs*, 2007.
Leiling CHANG, *György Ligeti. Lorsque le temps devient espace. Analyse du* Deuxième livre d'études pour piano, 2007.
Georges SAUVÉ, *Antonio Sacchini 1730-1786*, 2006.
Éric LECLER, *L'opéra symboliste*, 2006.
Roland GUILLON, *La New Wave, un jazz de l'entre-deux*, 2006.
Paul FUSTIER, *La vielle à roue dans la musique baroque française :Instrument de musique, objet mythique, objet fantasmé ?*, 2006.
Eric HUMBERTCLAUDE, *Pierre Souvtchinski,* 2006.
Robert GUILLOUX, *Maxime Dumoulin,* 2006.
Jean-Philippe HEBERLE, *Michael Tippett, ou l'expression de la dualité en mots et en notes*, 2006.

Joël July

# Esthétique de la chanson française contemporaine

L'HARMATTAN

**5-7, rue de l'École-Polytechnique, 75005 Paris**

http://www.librairieharmattan.com
diffusion.harmattan@wanadoo.fr
harmattan1@wanadoo.fr

ISBN : 978-2-296-04277-3
EAN : 9782296042773

*A Hélène, ma fille aînée, sans le goût et la curiosité de laquelle ma recherche aurait perdu en variété.*

Il ne s'agira ici que de dresser un état des lieux à propos de la chanson en langue française, c'est-à-dire quelques constats empiriques sur l'évolution des formes dans les textes les plus dignes d'intérêt de la production contemporaine. Tout y sera donc subjectif, aussi bien le corpus que le regard qu'on porte sur lui. Comment pourrait-il en être autrement ? La plupart des études qui s'intéressent à ce genre virent le plus souvent à la monographie (j'en sais quelque chose) ou s'apparentent couramment à un gracieux florilège : anthologie ou hagiographie, tout y est partiel et ce serait une gageure que d'espérer trouver des codes anciens tacites sur lesquels une nouvelle génération (depuis quand ?) pourrait exprimer des tendances univoques et facilement descriptibles. Je me contenterai donc de développer quelques points de détail assez représentatifs d'une tendance actuelle et facilement appréciables de tout un chacun au contact des chansons qui jalonnent notre quotidien.

D'ailleurs à quel titre faudrait-il rejeter la part subjective de toute démarche si rigoureuse qu'elle se prétende ou qu'elle s'espère ? C'est parce que je veux étudier les chansons actuelles le plus précisément possible que je compte bien laisser parler mon goût le plus intime et le plus partial, en évoquant les textes que je connais le mieux et qui ont trouvé chez moi le plus de résonance.

Je partirai tout d'abord d'un constat optimiste sur la qualité contemporaine de la chanson francophone. On pourrait certes se lamenter sur le succès de certaines chansons préfabriquées, via la recrudescence d'émissions de type "radio crochet" qui starisent des interprètes sans se soucier qu'ils soient le moins du monde créateurs. Pourtant, il faut convenir qu'elles stimulent (ces vedettes d'un jour comme leur chanson d'un hiver) une sorte de réaction qui porte, et les générations anciennes à chercher de nouveaux talents plutôt que de s'enferrer dans la nostalgie, et les générations post-adolescentes à privilégier également de la qualité et de l'originalité. Du coup, jeunes et vieux peuvent se retrouver actuellement dans une même exigence. Preuves en sont la notoriété populaire de Bénabar ou Cali, l'intérêt très récent pour le slam de certains adultes qui y étaient jusque-là particulièrement hostiles, la recrudescence de jeunes créateurs indépendants qui arrivent à produire plusieurs albums sans rencontrer la gloire et finissent par émerger sans s'être découragés (Raphaël, Kaolin, Clarika, Katerine et les Fatals Picards, qui, sous des constitutions différentes mais un même esprit, proposent quatre albums différents en 6 ans). A la tête de "Tôt ou tard", label bien nommé, Vincent Frèrebeau confirme cette récompense de la persévérance dans un article de *L'Express* : "Les Têtes raides avaient vendu 6 000 et 8 000 exemplaires de leurs deux premiers cédés. Ils sont aujourd'hui six fois disque d'or. Quant à Thomas Fersen, c'est avec le quatrième album qu'il s'est véritablement installé auprès du public" (*L'Express*, 23/05/05). De même, on observe une sorte de revirement récent des fameux tubes d'été : en 2002, c'est finalement le groupe Indochine qui tire son épingle du jeu avec "J'ai demandé à la lune" (*Paradize*), une chanson de Mickaël Furnon du groupe Mickey 3d ; en 2004, Calogero mène la danse "Face à la mer" (Album *3*) ; en 2005, Raphaël tire la "Caravane" ; et en 2006, France 2 devance elle-même les goûts de moins en moins uniformes du public en tentant de promouvoir le jeune Anis sur ses ondes, sélectionné quelque temps plus tard pour le prix Constantin ; l'été 2007, même s'il voit s'attacher le succès imprévisible d'un jeune novice comme Christophe Maé, propulsé un peu plus tôt par la comédie musicale du *Roi Soleil*, laisse tout de même encore une place sous le soleil à de jeunes artistes comme Renan Luce, Max Boublil, Kamini, Rose, Ridan, Koxie ou Tété.

Cause ou conséquence de ce revirement, les chaînes de télévision proposent des émissions qui mettent à l'honneur ces nouveaux chanteurs : *CD'aujourd'hui* sur France 2, *Taratata* (deuxième génération) sur France 4, et occasionnellement sur France 2, et surtout *Tendances* sur W9.

> *C'est paradoxalement depuis l'explosion de la musique préfabriquée (Star Ac' and co) qu'il y a un véritable boum musical. Je pense que chaque situation mauvaise appelle son contraire. Il y a une espèce de résistance des gens qui ne veulent pas écouter tout ce qu'on leur sert. De la même façon qu'à l'époque de la variété avec Guy Lux, Maritie et Gilbert Carpentier etc., on a vu l'apparition de gens comme Souchon, Le Forestier etc.*
>
> (Printemps de Bourges, avril 2006, interview lue sur le site Froggy's delight, www.froggydelight.com/article-2709)

Cette confession de Dominique A, que l'on associe souvent injustement à la "Nouvelle Scène française" alors qu'il a commencé sa carrière musicale au début des années 90, avance une raison concrète, la saturation, l'insatisfaction, pour justifier ce relatif succès de la chanson française en France et la particularité de l'année 2006 qui permet à des chanteurs très récents de grimper parmi les meilleures ventes d'album en France (Bénabar, Raphaël, Diam's, Anaïs, M, Olivia Ruiz, Grand Corps malade, Cali, Katerine).

Pourtant le phénomène se préparait depuis une petite décennie et les chiffres des ventes de disques assurent, quoi qu'on en pense, que la popularité de la chanson française était déjà en germe dès la fin du XXe siècle :

> *[Les quotas, imposés aux radios ], fortement critiqués pour les aspects pervers d'une protection qui met les consommateurs sous tutelle et qui, en protégeant une industrie, pourrait en tarir la capacité innovatrice, semblent avoir contribué à la montée de la part de la variété française dans les ventes de disques : 44,7% en 1993, 59,6% en 1999, 58% en 2001 (source : Syndicat national de l'édition phonographique, SNEP). Il est vrai aussi qu'existe en France une tradition très vivante de chansons à textes, fort peu soumises à des influences extérieures, ainsi qu'une forte propension à l'écoute de*

*musiques nationales.* "L'analyse économique de la musique enregistrée", Françoise Benhamou, Professeur à l'université de Rouen, in *Revue de la BNF*, n° 16, 2005, Dossier "La chanson française", p. 56.

Ces chiffres qui interviennent juste avant les baisses des ventes occasionnées par le téléchargement sur Internet offrent l'assurance que l'année 2006 et la révolution de ses têtes d'affiche ne peuvent être considérées comme des épiphénomènes. En 2007, même si les bénéfices continuent de baisser, c'est toujours la variété internationale et la vente des singles qui en font le plus les frais (les deux phénomènes sont d'ailleurs en partie liés). Et du coup, la part de la production en langue française ne cesse de progresser. Ces dernières années, le pourcentage des ventes d'albums francophones avoisine les 65%, ne laissant plus que 35% aux albums internationaux. Et de fait, la commercialisation des artistes francophones est en hausse régulière depuis 2001 : pour les albums, elle occupe 32% (contre 39% à l'international et 29% aux compilations), proportion qui a plus que doublé par rapport au début du millénaire ; même pour les singles, la part du francophone est devenue majoritaire (56% contre 44% à l'international). Or ce qui est le plus important, c'est la part de la Nouvelle Scène française et des nouveaux talents dans cette commercialisation puisqu'elle a, elle aussi, profité et contribué à cet essor, passant en 5 ans de 7 points à 15 (sur le total précité de 32) pour les albums, de 23 à 27 (sur le total précité de 56) pour les singles. Ce regain productif confirme ce que Voltaire disait de la France en 1764 dans le *Dictionnaire philosophique* : "la nation la plus renommée pour les chansons nouvelles" (Article "Guerre", coll. GF, 1964, p. 219). En tous les cas, les mouvements créatifs en ce début de troisième millénaire ne semblent pas devoir le démentir.

La définition que l'on donne d'ailleurs le plus communément de la Nouvelle Scène française insiste sur la notion de succès et de popularité. Quand certains voudraient y voir des constantes musicales (chansons à textes qui intègrent les sons anglo-saxons), des revendications sociales (avant-garde qui associe la poésie, le réalisme et le rock), il est plus raisonnable de se cantonner aux choix lexicaux : on parle de "scène", parce que la plupart des artistes découverts l'ont été par le public sur le terrain, souvent en région. Par exemple, Mr.

Roux autoproduit son premier album en 2005 *Ah si j'étais grand et beau !* et ce sont les concerts qu'il fait en province puis son passage aux Francofolies qui décident le label "Atmosphères" à le diffuser plus largement en décembre 2006. La popularité nationale des tenants de la "Scène française" ne se fait donc qu'après un assez long passage sur des scènes de province, sans le support des médias, ce qui avait déjà été le cas pour les chanteurs à textes des années 55-65 face à la concurrence de la vague yéyé.

Or, comme toutes ces nouvelles vedettes venues par la bande sont également pour beaucoup des auteurs compositeurs interprètes, le parallèle et la parenté poétique ont coulé de source. Cinq ans après l'apparition du titre "Nouvelle Scène française", on a tendance à y ranger tout ce qui a la chance aujourd'hui de se faire connaître, sans le recours aux "radio crochets" (et encore, la distinction scène / télévision n'est-elle plus aussi nette quand on pense à Amel Bent, Olivia Ruiz ou Thierry Amiel, passés tous trois par une propulsion médiatique). Bref, tout ce qui chante en français, qui est jeune, ou tout au moins nouveau, et qui a sinon du talent au moins du succès, même un peu seulement... Or il s'avère que certains parmi tous ces possibles représentants en ont beaucoup...

Parallèlement à cet essor, on assiste à un nouveau prestige de la chanson française traditionnelle. Des articles dans *Le Monde* du 3 Janvier 2007, puis du 5 Février 2007 commentent, répercutent et officialisent le phénomène. Le journal y revient le 11 mai 2007 dans la conclusion d'un article de Martin Pénet : "Les manuscrits de chanson sont même exploités comme des brouillons d'écrivains [...]. La démarche de ces éditeurs vise à délimiter des œuvres, à consolider des légendes, à ériger des mausolées" (Dossier du n° 19 375, p. 6). La valeur patrimoniale de ce fonds commun culturel est enfin assumée. Et peut-être les "télé crochets" que nous moquions précédemment ont-ils favorisé l'impression de lignage qui se perçoit dans les abondantes reprises de ces dernières années. Des émissions de variété se consacrent entièrement à cet exercice et plusieurs chanteurs confirmés consacrent une partie ou l'intégralité de leurs albums à un titre ou un chanteur plus anciens. On puise alors dans un patrimoine très large qui offre de fabuleuses possibilités de réhabilitation : "L'orange" de Gilbert Bécaud et Pierre Delanoë, "Les mots bleus" de Christophe,

"Quand on n'a que l'amour" de Jacques Brel, "Amstrong" de Claude Nougaro... Un texte comme "Emmenez-moi" de Charles Aznavour*, qui avait eu un succès modeste lors de sa sortie, devient vingt ans plus tard l'un des standards de l'auteur après la tournée des Enfoirés qui en font une chanson chorale. Et certains créateurs deviennent même de simples interprètes en abreuvant ce créneau nostalgique, comme le prouvent les albums récents de Maxime Le Forestier (*Le Cahier*, 1998, *Le Cahier*, tome 2, 2005), Nicole Croisille *(Nougaro, le jazz et moi)*, Laurent Voulzy *(Septième Vague)*, Sylvie Vartan *(Nouvelle Vague)* ou Michel Jonasz *(Chanson française)*, comme le prouve le spectacle que Jacques Higelin consacre à Charles Trenet en 2004 (*Higelin enchante Trenet*). D'ailleurs, la victoire d'un Julien Doré dans le cru 2007 de l'émission de M6 *Nouvelle star* est une illustration plutôt très satisfaisante de ce challenge artistique qui consiste à s'approprier des chansons françaises antérieures afin de leur donner un éclairage générationnel différent ; et ses reprises de Claude François, Sabine Paturel, Dalida, Madonna et autres lolitas mettent de l'inventivité là où l'on pensait que la variété avait atteint un palier impossible à rehausser et inexorablement voué à l'inhumation.

Face à cet engouement et ce bouillonnement, on devrait se réjouir sans pouvoir s'empêcher de penser tout bas que cela ne va pas durer, que le mercantilisme, le jeunisme, le nivellement par le bas, les phénomènes de mode et autres stigmates de l'effondrement culturel auront fatalement raison de cette germination de bon augure. Pourtant le meilleur moyen pour que cela dure justement, c'est de s'en réjouir en en parlant ; c'est de chercher à savoir et à comprendre pourquoi la chanson française se met curieusement ces temps-ci au diapason des goûts et des attentes d'un public qui, dans sa grande variété, cherche néanmoins une constante, être surpris, par l'originalité, par la proximité de cette Nouvelle Scène française qui ne se targue pas d'être littéraire et encore moins uniforme : rénovation des règles,

---

* Considérant les chansons antérieures aux années 80 comme appartenant au patrimoine, nous ne les référencerons, au mieux, que par leur date de création. En revanche, pour toute chanson ultérieure, nous indiquerons l'album dans lequel elle s'insère et sa date d'édition. Les chansons qui font l'objet d'une citation longue trouveront des références plus précises dans la discographie, en fin d'ouvrage.

émancipation à l'égard de certaines exigences comme le refrain ou la rime, tendance à destituer certaines pratiques présentées comme incontournables (voilà pour la revendication libertaire), élargissement du matériau lexical, déconstruction grammaticale, recherche d'une forme toujours plus orale (voilà pour les aspirations égalitaires), décomplexion vis-à-vis de la poésie, solidarité et interférences entre les créations, élaboration pertinente des albums (voilà pour les considérations fraternelles).

S'attaquant à tout le répertoire contemporain, cette étude court le risque de la partialité et de la schématisation, mais elle ne demande qu'à servir d'appui à des analyses plus fines et plus détaillées. Face aux pessimistes drapeaux noirs de la mélancolie, elle cherche à étendre et faire claquer un panache blanc résolument optimiste, ou plutôt un drapeau bleu blanc rouge. Bref, je ne ferai que présenter et mettre en relation les procédés, autres que l'éclectisme musical, par lesquels, *mutatis mutandis* (ce qui doit être changé ayant été changé), les auteurs français actuels parviennent, contre toute attente, à séduire un auditoire repu.

Liberté de composition, égalité de registre, fraternité des sources, c'est le programme tricolore que je proposerai donc. Comment va la chanson française contemporaine ? Elle touche le peuple, Madame la Marquise. Ou pour le dire avec les mots de notre génération :

*C'est ça la France*
*On est tous des frères selon les déclarations*
*Enfin, je pense,*
*Faut jamais les oublier*
*Les trois mots qui terminent en Té*

(Marc Lavoine, "C'est ça la France", *Lavoine Matic*, 1996).

émancipation à l'égard de certaines exigences comme le refrain ou la rime, tendance à destituer certaines pratiques présentées comme incontournables (voir pour la [illegible] théâtrale, [illegible] du [illegible] textuel, déconstruction grammaticale, recherche d'une forme toujours plus orale (voir pour les [illegible] de complexe vis-à-vis de la [illegible], solidarité [illegible] [illegible] (voir pour les considérations [illegible]).

[illegible]

# LIBERTE

(DE COMPOSITION)

## *1. Etiolement du refrain systématique*

Commençons par nous appuyer sur un des rares ouvrages universitaires en matière de chanson, la thèse de Maria Spyropoulo-Leclanche, soutenue en 93 à l'Université de Provence sous la direction de Joëlle Gardes : *Le Refrain dans la chanson française au XX^e^ siècle.* A la fin de la deuxième des quatre parties, consacrée à la typologie des refrains, l'auteur qui a analysé avec rigueur un corpus de près de 2000 chansons établit ce bilan, dont on pouvait avoir la prescience mais auquel elle, est parvenue statistiques à l'appui :

> *La chanson à refrain fait alterner couplets et refrains, et selon les époques, les auteurs ou les paroliers ont accordé plus d'importance à l'un ou à l'autre des constituants. De 1900 à 1940, ce fut l'âge d'or du refrain. La Belle Epoque commence avec une chanson qui est sur toutes les lèvres "Frou-frou". Couplet et refrain huitain dans la chanson, ce sera la norme jusqu'à 1950, c'est-à-dire l'usage le plus fréquent. Mais c'est aussi pendant cette première moitié du siècle qu'il y aura toute sorte de tentatives et de recherches formelles au bénéfice du refrain, qui devient de plus en plus envahissant, le rôle du couplet étant minimisé. Le phénomène est assez clair dans l'œuvre de Trenet. De 1940 à 1950, on assiste à une période*

> *transitoire. Apparaissent alors les premiers auteurs compositeurs interprètes : le centre d'intérêt se déplacera vers le couplet [...] c'est avec eux que l'on assiste aussi à la réapparition du refrain intégré, ainsi qu'à l'apparition systématique de la chanson sans refrain. La réduction de la place accordée au refrain permet aux auteurs une plus grande liberté d'expression, que chacun exploitera selon son tempérament.* (p. 162-3)

Sur 1915 chansons analysées de 1900 à 1980, moins d'un tiers n'a pas de refrain ou des refrains très particuliers, infiniment courts, doubles, trop variables et difficiles à analyser en tant que tel. Restent environ 1300 chansons qui se répartissent très inéquitablement entre 1100 chansons à refrain détaché et seulement 200 textes à refrain intégré dans des strophes, soit typographiquement associé aux couplets. La norme du refrain huitain détaché est telle avant 1950 qu'elle laisse loin derrière elle par exemple des refrains plus courts comme le quatrain (19 avant 1950, contre 117 après). Pour un exemple frappant, on citera avec Maria Spyropoulo Leclanche le cas de "Titine", chanson de 1917, écrite par Bertal-Maubon, qui compte des refrains huitains que Jacques Brel en les reprenant dans sa version de 1964 raccourcira en refrain quatrain. Si d'ailleurs la forme de huit vers continue largement à rester courante dans la deuxième moitié du siècle, il est manifeste que des refrains plus courts semblent exercer leur séduction sur les auteurs : le distique quasi absent avant 1950, peu fréquent entre 50 et 70, devient une forme prisée des années 70, chez Renaud (jusqu'à "Triviale poursuite" en 88, *Putain de camion*), J.-M. Caradec, Yves Simon ou Francis Lalanne ("La plus belle fois qu'on m'a dit 'je t'aime' / C'était un mec qui me l'a dit"). Le quintil apparaît surtout aussi après 1970, chez Alain Souchon, Pierre Perret, Luc Plamondon, Boris Bergman ; le tercet chez Pierre Delanoë, Charles Aznavour. Par ces préférences, on tend à réduire le volume syllabique qui fait répétition. On se prive, et c'est paradoxal, d'un élément de facilité mais surtout d'un argument commercial, puisque c'est souvent le refrain qui fait connaître un morceau et vendre un disque. C'est lui qui sert d'accroche pour l'auditeur et d'enseigne pour la chanson ; à tel point souvent qu'on réintitule une chanson en lui attribuant les premiers mots de son refrain, à l'exemple de la berceuse d'Henri Salvador, "Le loup, la biche et le chevalier" écrite par Maurice

Pon en 1950 et que tout le monde connaît mieux sous l'appellation "Une chanson douce", incipit de la chanson et premier vers d'un refrain antépiphorique. Il est largement reconnu par les programmateurs de radio que la chanson type, privilégiée par et pour les ondes, obéit à un canon de deux ou trois couplets et deux ou trois refrains détachés.

**Concurrence du refrain intégré**

Ainsi, une des normes de la chanson poétique des années 60 pour se démarquer de la chanson de variété de la même époque avait été de n'utiliser qu'avec d'immenses réserves le refrain détaché. Du coup, le chanteur à textes employait et explorait un refrain intégré, la plupart du temps variant. C'est-à-dire un refrain, qui propose parfois des transformations d'une occurrence à l'autre et qui vient textuellement, musicalement et typographiquement se souder aux strophes.

Je reprendrai les observations menées à propos de l'œuvre de Barbara : sur l'ensemble de sa création, il ne s'observait que trois chansons qui maintinssent le refrain détaché invariant, et ce en tout début de carrière ("J'ai tué l'amour", 58, "Chapeau bas", 61, "Dis quand reviendras-tu ?", 62). Par la suite, Barbara allait le compléter par des refrains variants à l'intérieur des strophes ("L'amoureuse", 68), lui faire subir de petites variations pronominales qui l'adaptent au contexte nouveau créé par l'enchaînement des couplets ("A peine", 70), des variations temporelles ("L'homme en habit rouge", 74), des remodèlements complets ("Ma plus belle histoire d'amour, c'est vous", 66). Plus souvent encore, Barbara intègre ce refrain dans ces strophes mêmes, lui donnant le rôle de parallélisme matriciel ("Au revoir", 70, "Attendez que ma joie revienne", 62, "Presque vingt ans", 65, "Cet enfant-là", 75). Pourtant, le mouvement qui se dessine progressivement dans son œuvre à partir de 1973 est celui de la destitution complète du refrain qui ne revient plus que sous la forme d'anaphores ("Seule", *Seule*, 1981, "Vol de nuit", *Mogador*, 1990, "Le couloir", *barbara*, 1996), d'échos ou de tournures ressassées et incantatoires ("Sid'amour à mort", *Châtelet*, 1987, "Sables mouvants", *Châtelet*, 1993, "Il me revient", *barbara*, 1996). Par ces phénomènes, chaque texte devient une pièce originale qui fonctionne sur une structure propre (ou une absence apparente de structure textuelle), alors que la chanson traditionnelle obéissait à la distinction couplet / refrain comme à une forme fixe. Et même si cette forme fixe se permettait de prodigieuses variations et jouait avec l'habitude, la distinction refrain / couplet laissait (et laisse encore) la chanson dans une norme qui l'enferme sur elle-même. Briser le moule, c'est lui donner une chance de se marginaliser.

## Le refrain comme marque de fabrique

En effet la poésie, destinée depuis plusieurs siècles à la seule lecture peut ne pas surcharger ses effets et jouer sur le non-dit ou tout du moins le à-peine-dit, le dit-une-seule-fois-à-la-va-vite.

> *C'est tout à fait différent de ce qu'on appelle la poésie, qui est faite pour être lue ou dite [...]. Quand on écrit pour l'oreille, on est quand même obligé d'employer un vocabulaire un peu différent, des mots qui accrochent l'oreille plus vite... Bien qu'on l'ait aussi avec le disque, le lecteur a plus facilement la possibilité de revenir en arrière...* (Georges Brassens, Table ronde du 6 janvier 69, *Chorus*, n° 36, p. 142)

Un lecteur attentif saura faire machine arrière et prendre le temps d'analyser et de comprendre, de révéler le sens caché. Il peut à l'occasion s'appuyer, pour comprendre, sur un paratexte riche, annotations, commentaires, qui lui fourniront les clés de la création littéraire. La chanson, elle, ne peut guère compter que sur un épitexte lointain et elle doit, en revanche, souligner ses effets et permettre malgré son éphémère audition une compréhension immédiate et une mémorisation rapide (d'abord dans son souci pédagogique : éduquer à la religion dans les cantiques, éduquer à la citoyenneté dans les "goguettes" ; puis depuis 1851, la création de la SACEM et particulièrement depuis la fin du XIX$^{e}$ siècle, l'industrie du disque, pour des raisons plus mercantiles mais tout aussi fondamentales d'une esthétique qui doit lutter contre l'oubli). Le refrain, révélateur d'un leitmotiv mélodique et thématique est donc une caractéristique normée de la chanson folklorique, de la chanson populaire et de la chanson de variété. Rompre avec la tradition de ce refrain détaché (syntaxiquement, musicalement et typographiquement), c'est assurer une proximité avec la poésie.

Je précise que je prends parfaitement en compte le fait que la poésie puisse elle aussi être très formatée (le sonnet), très brève (la poésie par "quanta" de Guillevic par exemple) et très répétitive (les parallélismes, chez Aragon notamment, dont il n'est pas un hasard si Brassens, Ferré et Ferrat s'attelèrent à le mettre en musique). Mais toutes ces parentés avec la chanson, cette autre poésie, vocale et instrumentale, toutes ces parentés sont un choix alternatif de la poésie : libre à elle d'opter pour une forme non fixe, un format long, un texte sans reprises. La poésie n'est jamais assignée à un schéma stéréotypé. Même le carcan de la versification fit long feu sous les coups répétés des romantiques puis de Jules Laforgue et d'Arthur Rimbaud, qui à force de secouer le cocotier purent s'affranchir des règles classiques. Or la chanson est quant à elle un genre sous contraintes : par son format de diffusion (disque, radio, télé) et son mode de production (exigence d'un accompagnement instrumental) et de communication (par excellence un spectacle vivant qui privilégie la présence de l'auditoire). C'est le "schéma particulier de communication de la chanson [qui] a imposé au genre ses paramètres formels et son esthétique" (Christine Letellier, "De la chanson à de nouvelles formes", *La Chanson dans tous ses états,* P.U. de Valenciennes, 1996, p. 329). De surcroît, et pour continuer la confrontation entre poésie et chanson, la poésie, pour durer, n'a pas d'effort à faire, car la littérature traverse les âges et s'hérite grâce à la médiation scolaire et grâce à la réédition (ou réimpression) systématique que l'école exige, tandis que la chanson, dans l'état actuel de sa présence et de son influence culturelles, ne peut compter, pour durer, que sur la mémoire transgénérationnelle, dont il faut constater l'inefficacité, tant le tri s'effectue sévèrement et pratique des coupes claires dans le patrimoine chansonnier : quels noms, quels textes d'une autre génération que la sienne résonnent actuellement dans la tête d'un adolescent ? Le refrain, ou tout autre substitut répétitif, devient donc une nécessité générique pour la chanson si elle veut lutter contre une extinction à brève échéance.

Georges Brassens, poète s'il en est, dans ses pièces ludiques et satiriques use et abuse du refrain (tantôt court ou intégré, "Le gorille", "La mauvaise réputation", "Pauvre Martin", "Bonhomme", tantôt long et strophique, "Le parapluie", "Les amoureux des bancs publics", "Brave Margot", "Une jolie fleur", "Auprès de mon arbre", "Je me suis fait tout petit", "La femme d'Hector", "Montélimar") ; en revanche, ce n'est que dans de rares chansons, celles qu'il conçoit peut-être comme les pièces maîtresses de son œuvre, les pièces les plus sentimentales, comme "La marche nuptiale" ou "Supplique pour être enterré à la plage de Sète" (1966) qu'il n'en fait pas et préfère proposer un enchaînement linéaire de strophes, toutes variantes.

Un texte comme "Le déserteur" de Boris Vian (1955), prévu dès l'origine pour une mise en musique et une version lyrique, est inconsciemment plus identifiable comme un poème à part entière, du fait de ces quatrains tous variants. Il est d'ailleurs un fait que la version parodique qu'en tirera Renaud en 1982 pour l'album *Morgane de toi* crée des répétitions du dernier vers tous les quatre quatrains afin, semble-t-il, de mieux coller à l'esthétique tautologique de la chanson. Cette nécessité de surligner les procédés et de rendre par la répétition l'auditeur vigilant trouve une bonne illustration dans les adaptations musicales de poèmes anciens. Ainsi, lorsque Julos Beaucarne met en musique "Vieille chanson du jeune temps" de Victor Hugo, il se retrouve coincé par l'absence de refrain et l'enchaînement chronologique du poème : ce texte que Hugo a étiqueté "chanson" pour sa légèreté nostalgique et son vers court et impair (l'heptasyllabe) n'a de fait rien de répétitif. Comment un auditeur comprendra-t-il spontanément, au fil de la musique, la brutale réalité implicite et ironique qui révèle la frustration du canteur vieillissant, à la chute du poème ?

*Je ne vis qu'elle était belle*
*Qu'en sortant des grands bois sourds.*
*Bref, n'y pensons plus, dit-elle.*
*Depuis, j'y pense toujours.*

Julos Beaucarne prépare donc l'amertume humoristique de la clausule en dupliquant l'avant-dernier vers (celui où la belle Rose montre son mécontentement) et en mettant le quatrième vers du dernier quatrain en attente, en suspens. La chanson, contrairement au poème se termine par un vers bissé, preuve qu'il a fallu adapter le support oral au support écrit.

Bruno Joubrel, praticien et théoricien de la chanson française, développe dans le même esprit l'exemple de Jean Ferrat confronté, lorsqu'il reprend certains poèmes d'Aragon, à une nécessaire reprise rythmique et textuelle. "Il a d'abord presque systématiquement créé des refrains en reprenant les strophes qui lui semblaient les plus aptes à être mémorisables ("Robert le diable", 1971), quitte à inverser certains vers pour donner une fin conclusive à ce même refrain ("Que serais-je sans toi ?", 1964), et enfin à faire toutes les coupes qui lui semblent nécessaires au bon fonctionnement rythmique de sa chanson ("La croix pour l'ombre" d'Aragon devenant "Aimer à perdre la raison", 1970)" ("Essai d'une définition", *Les Frontières improbables de la chanson*, Presses Universitaires de Valenciennes, 2001, p. 24).

## Refrain titre et refrain anaphore

Nous avons donc d'un côté une inévitable et naturelle tendance au ressassement, une esthétique de la complainte et du folklore, et de l'autre un mouvement calculé par les auteurs pour minimiser le refrain et tout effet de facilité. Car le refrain qui s'étale et mange l'intégrité des couplets se manifeste dans des canons ultra commerciaux comme la chanson "A toutes les filles" (1992) interprétée par le duo Didier Barbelivien / Félix Gray. Le refrain répété trois fois compte 13 vers et les couplets de 8 vers interprétés en chants "amébées" (par alternance) sont réduits à deux occurrences en présentant des récurrences antépiphoriques (vers initial et final identiques), ce qui en minimise encore plus la variation. La chanson outre quelques énumérations anecdotiques n'est finalement qu'une longue reprise, un lamento. C'est certainement ce qui en assurera la popularité éphémère. Cette facilité stérile accouplée avec un duo qui affiche ridiculement une virilité romantique a entraîné beaucoup d'humoristes à en faire une parodie ou à s'en servir comme l'anti-modèle de la chanson de qualité.

*A contrario*, on repérera aisément dans la production contemporaine une pratique devenue courante, celle du refrain court qui, se retrouvant dans un monostiche détaché ou intégré à la strophe, (difficile à dire et pas très utile à déterminer), se bisse un nombre de fois quasi aléatoire en épiphore : "Les belles étrangères à étrangler" dans "Olé" de Renaud (*Marchand de cailloux*, 1991), "Je suis l'as de trèfle qui pique ton cœur, Caro..." dans "Caroline" de M.-C. Solaar (*Qui sème le vent récolte le tempo*, 92), "Est-ce que ce monde est sérieux ?" dans "La corrida" de Francis Cabrel (*Un samedi soir sur la terre,* 94), "Qu'est-ce que tu ne ferais pas pour la peau ?" dans "La peau" de Dominique A (*Auguri*, 2001), "Oh ! tu sais. On est tous pareils" dans "Tous pareils" de Florent Marchet (*Gargilesse*, 2004), "C'est vrai qu'on est mal assis là" dans "Mal assis" de Pauline Croze (*Pauline Croze*, 2005), "Repasserez-vous par-là ?" dans "Menteur" de Cali (*Menteur*, 2005), "C'est pas moi, c'est les autres" dans "Les autres" d'Abd Al Malik (*Gibraltar*, 2006)

Souvent d'ailleurs ce monostiche est aussi le titre de la chanson : Michel Jonasz ("Super nana", 1972, "J'veux pas qu' tu t'en ailles", 1978), Pierre Perret ("Lily", 1974), Renaud ("En cloque", *Morgane de toi*, 1982), Jean-Jacques Goldman ("A nos actes manqués", *Frédéricks, Goldman, Jones*, 1990), Jean-Louis Murat ("Tout est dit", *Vénus*, 1993), Lynda Lemay ("J'ai battu ma fille", *Du coq à l'âme*, 2000), Renaud ("Petit pédé", *Boucan d'enfer*, 2002), Francis Cabrel ("Bonne nouvelle", "S'abriter de l'orage", *Les beaux dégâts*, 2004), Cali ("C'est quand le bonheur ?", "Dolorosa", "Tout va bien", *L'Amour parfait*, 2004).

Cette méthode d'une réduction du refrain à un bissage a quelque chose à voir avec la pratique des anthologies et de la critique qui consiste à désigner les poèmes sans titre par leur incipit, c'est-à-dire tout ou partie de leur premier vers. Ainsi le titre de "Demain dès l'aube..." de Victor Hugo correspond-il aux quatre premières syllabes du poème. C'est le cas encore de la grande majorité des poèmes de la Pléïade au XVI$^{e}$ siècle. Et le propre du poème de Hugo comme des sonnets lyriques du XVI$^{e}$ siècle, c'est qu'ils avancent vers leur chute, vers un épiphonème conclusif et surprenant que le titre ne doit aucunement dévoilé. Du coup, à l'instar de cette impossibilité de la poésie à s'intituler à l'avance sous peine de se dévoiler trop tôt, le retour à des chansons très descriptives, donc très linéaires, comme celles de Vincent Delerm, supprime presque naturellement l'existence d'une quelconque répétition textuelle, c'est-à-dire d'un refrain. Dans "Deauville sans Trintignant" (*Vincent Delerm*, 2002), texte constitué de deux longues strophes chronologiques, le refrain n'est qu'une clausule en distique, somme toute assez discrète si elle ne venait rappeler le titre, jusque-là énigmatique, et dont elle solutionne le mystère en lui faisant précéder un sentiment de déception. Sur le plan musical, elle permet une simple pause rythmique entre les deux groupes strophiques :

*C'est un peu décevant*
*Deauville sans Trintignant.*

Mais comme pour les incipits de poème, la plupart des refrains titres apparaissent en début de strophe et, stimulant une suite souvent variante, ils entraînent un parallélisme ou une énumération qui servent de matrice à la chanson et lui apportent sa régularité intrinsèque : Pascal Sevran ("Il venait d'avoir 18 ans", 74, qui propose une anaphore de ce vers titre tous les 3 sixains), Claude Nougaro ("Tu verras, 78, qui propose quatre couplets dans la reprise systématique du vers, accompagnée de variations "La vie / L'amour / Le diable / Mozart est fait pour ça"), Lynda Lemay ("La visite", *Lynda Lemay 98*, "Les filles seules", *Lynda Lemay Live 99*), Cali ("Le grand jour", *L'Amour parfait*, 2004), Raphaël ("Dans 150 ans", *Caravane*, 2005), Da Silva ("L'averse", *De Beaux Jours à venir*, 2007).

Des pratiques de négation, de brouillage ou d'effacement du refrain sont courantes chez Francis Cabrel où la première strophe de la chanson "Les gens absents" (*Les beaux dégâts*, 2004), texte formé au total de huit huitains, est reprise par ses seuls vers impairs en septième couplet. C'est ce principe qui régit la coda de "L'aigle noir" de Barbara (1970). La première strophe est répétée en fin de chanson mais Barbara l'épure progressivement et en détruit la syntaxe pour aboutir à un ressassement qui imite bien la fuite de l'aigle et du songe.

## Refrain zéro

Au bout de cet étiolement progressif d'un refrain suspect, on obtient avec une belle fréquence de nos jours le refrain zéro, qui relègue l'ossature normale de nos chansons traditionnelles et permet de décliner la chanson comme une poésie qui ne souhaiterait pas d'accompagnement musical. Je préfère parler d'un refrain zéro dans le texte plutôt que d'une absence de refrain : d'une part car, comme il a été dit, le refrain reste attendu du côté de l'auditoire et même si l'auteur en fait l'impasse il reste implicitement exigible ; d'autre part car je ne me permets pas de préjuger du fonctionnement musical de la chanson et si le texte propose toujours des couplets variants, la mélodie impose peut-être des démarcations rythmiques qui permettraient de reconstituer l'emplacement de ce refrain attendu.

Pour citer quelques textes plus anciens qui se passent de refrain, je pourrais évoquer "Pierre" de Barbara en 1964, cas très isolé que la chanteuse renouvelle par la suite à maintes reprises (en maintenant des épiphores à place plus ou moins régulière ou des codas dans "Madame", 1967, "Mon enfance", 1968, "Fatigue", 1996 ou *stricto sensu* dans "La déraison", *Seule*, 1981). Un chanteur poète comme Claude Nougaro, dont les structures sont toujours très innovantes ou tout au moins inattendues, peut également pour certains titres ne proposer qu'une suite de strophes structurellement identiques sans jamais créer une répétition lexicale de suffisamment grande ampleur pour percevoir la volonté d'un refrain : un de ces premiers titres comme "Une petite fille en pleurs" (1962) ou l'un de ces derniers comme "Nougayork" (*Nougayork*, 1989), tous deux par exemple font se succéder des strophes régulières (sixains d'hexasyllabes pour la première, quatrains de pentasyllabes pour l'autre) dans lesquelles les répétitions, assez peu fréquentes en définitive, sont disposées à des places aléatoires.

Ces chansons à succès chez des auteurs reconnus permettent que le phénomène de la chanson sans refrain se généralise : on citera par exemple des chanteurs qui n'y étaient pas ou peu habitués, et qui y viennent en (presque) bout de carrière : Jean-Jacques Goldman, "Le coureur", "Natacha", "Les murailles" (*En passant*, 1997), "Ensemble" (*Chansons pour les pieds*, 2001), Francis Cabrel, "Madame X", (*Hors saison*, 1999), Renaud, "Rouge gorge" (*Putain de camion*, 1988), "Elle a vu le loup", "Mon bistrot préféré" (*Boucan d'enfer*, 2002). On citera surtout ceux qui débutent en ce nouveau siècle et prennent d'emblée le pli : Bénabar pour "Majorette", "Le dramelet", *Bénabar*, 2001, "Je suis de celles", "Sac à main", "Le zoo de Vincennes", *Les Risques du métier*, 2003, "Quatre murs et un toit", *Reprise des négociations*, 2005. Grand Corps Malade pour la chanson "Sixième sens" de l'album *Midi 20* (2006). Mickey 3d, sous l'influence du rap qui a beaucoup fait pour imposer cette tendance, pour au moins 6 des 14 chansons que contient l'album *Tu vas pas mourir de rire* en 2003, dont "Amen",

"Demain finira bien", "La peur". La plupart des autres cas, ce sont des refrains titres comme "Yalil" ou des refrains très courts :

*Libérez les enfants, Beauseigne*
*Certains n'ont pas dix ans, Beauseigne* ("Beauseigne")

*Les gens raisonnables n'ont pas la belle vie*
*Ils r'gardent les gens pas raisonnables et bien souvent ils les envient*
("Les gens raisonnables")

Renan Luce dans son album R*epenti* (Prix découverte de l'Académie Charles Cros, 2006) élimine le refrain dans 3 chansons sur les 14 du CD ("Camelote", "Je suis une feuille" et la désopilante "Balade du dimanche"). La chanson "Repenti" limite le refrain à la seule formule "Repenti / J'ai trahi". Citons encore Thomas Fersen ("Irène", *Qu4tre*, 1999), Lynda Lemay ("Les maudits français", *Du coq à l'âme*, 2000), Carla Bruni ("Le toi du moi", "La dernière minute", *Quelqu'un m'a dit*, 2002) et surtout Jeanne Cherhal chez laquelle cette absence est quasi systématique ("Un couple normal", *12 fois par an*, 2004, "Canicule", *L'eau*, 2006).

**Refrain encore souverain ?**

Pour autant, cette liste, échantillon représentatif, ne doit pas faire illusion : la plupart des titres qu'elle contient n'a pas obtenu de succès populaire et bien souvent ils ne furent pas, à l'instigation du créateur ou de son producteur, un "single" taillé pour la route commerciale. D'ailleurs dans les générations qui ont émergé entre 1975 et 2005, de grands noms de chanteur ou de parolier n'ont jamais abandonné la dichotomie refrain / couplet, comme Pierre Bachelet, Daniel Balavoine, Pascal Obispo, Calogero, Patrick Bruel, Aldebert. Dans l'album précité de Mickey 3d, le titre le plus connu "Respire" possède encore un refrain quatrain détaché et fixe, parangon de la tradition chansonnière. Le groupe Tryo, apparenté au reggae et qui cherche la marge, propose, lui aussi, dans "L'Hymne de nos campagnes" (*Mamagubida*, 1998), un refrain très détaché :

*C'est l'hymne de nos campagnes*
*De nos forêts de nos montagnes*

*De la vie, man,*
*Ce monde animal.*
*Crie le bien fort,*
*Use tes cordes vocales.*

Cette dichotomie constitue donc encore une norme assez nécessaire à la chanson, pour que justement elle soit reconnue par l'auditeur en tant que chanson plutôt qu'en tant que poème chanté ou en tant que morceau musical sur lequel on a posé aléatoirement des mots. C'est donc à une dialectique particulièrement dynamique dans la Nouvelle Scène française que nous renvoie notre histoire de(s) refrain(s). Les créateurs ne peuvent qu'hésiter entre le confort populaire de la répétition du même au même (condition peut-être d'un succès commercial, en tous les cas d'une survie transgénérationnelle) et son absence modérée et modulée, gage de littérarité, tout au moins garantie d'une prise de parole plus conséquente et par là même plus efficace.

Bruno Joubrel (*op. cit.)* dans sa tentative de définition de la chanson poursuit : "J'en viens ainsi à l'idée que le refrain, associant récurrences de texte et de musique, constitue l'essence rythmique de la composition. Il participe à l'organisation du temps d'écoute et, si l'on peut se permettre une comparaison sportive, donne avec régularité les temps de passage à un point identique, comme ceux d'une voiture ou d'un coureur à pied sur un circuit fermé. Puisqu'une chanson [cantonnée à un format de 3 à 4 minutes qui en permette la mémorisation] ne peut difficilement être autre chose qu'une boucle musicale, les contours exacts, son parcours en quelque sorte, en sont définis par ce qui est récurrent et ce qui ne l'est pas, par son rythme d'évolution" (p. 25). Par conséquent, en toute logique, tant que la chanson n'a pas eu la prétention de copier ou de rivaliser avec la poésie, elle s'est imposée cette norme du refrain, long puis court, détaché puis intégré, dont on pourrait dire qu'elle fut longtemps prescriptive, alors que la tendance à minimiser le refrain, qui la concurrence faiblement, serait un usage anormal : les chansons sans refrain, les chansons rebelles ont toujours existé, Maria Spyropoulo Leclanche l'a signalé. Si elles apparaissaient, autrefois, comme des écarts à la norme prescriptive ; aujourd'hui elle ne sont peut-être que les cas connexes d'une utilisation naturelle de la réduplication en chanson ; une réduplication que l'on décline selon les nécessités de la création artistique et dont, au besoin, on se passe paradoxalement.

## Les substituts du temps compté

Si je reprends à la suite des études cantologiques menées par l'Université de Valenciennes la définition de la chanson comme un temps compté, j'aboutis à l'idée que les artistes cherchent désormais à compter le temps de leur chanson comme ils le veulent et sans avoir forcément recours à la mesure très perceptible du refrain à venir. Au contraire, la liberté du créateur s'exprimera dans un choix original d'une composition qui compte le temps et fait prévoir ou attendre la chute à sa manière particulière.

Stéphane Hirschi, qui fédère ces études cantologiques, souhaite mener une approche qui souligne l'importance de la temporalité dans la réception d'une chanson : sorte de compte à rebours porté par une mélodie mémorisable (et donc nécessairement brève) et que le public peut ensuite fredonner grâce à l'accroche des paroles. Or la perception d'une œuvre comme une chanson par l'auditeur, sa mémorisation si partielle soit-elle et cette impression d'un compte à rebours qui ne dépassera jamais les cinq minutes ne s'obtiennent qu'à travers les phénomènes répétitifs. Et ce que la chanson depuis 1950, et notamment la Nouvelle Scène française ont parfaitement intégré, c'est que ces phénomènes n'ont pas nécessairement besoin du moule sclérosant d'un refrain pour exister et se faire ressentir de l'auditeur.

Qu'est-ce qui reste gravé de la chanson "Au bois de Saint-Amand" de Barbara ? Il n'y a à proprement parler pas de refrain. Pourtant Barbara accumule les procédés de répétition, car la principale vertu d'un écho, qu'il soit phonique, lexical, syntaxique ou simplement rythmique, c'est d'accorder de la fluidité, de permettre au lecteur et ici à l'interprète d'enchaîner rapidement les propositions et de faire sentir à l'auditeur la course effrénée qu'il mène vers la chute :

*Y'a un arbre, je m'y colle,*
*Dans le petit bois de Saint-Amand,*
*Je t'attrape, tu t'y colles,*
*Je me cache, à toi maintenant.*

*Y'a un arbre, pigeon vole*
*Dans le petit bois de Saint-Amand*
*Où tournaient nos rondes folles*
*Pigeon vole, vole, vole au vent.*

*Dessus l'arbre oiseau vole*
*Et s'envole, voilà le printemps.*
*Y'a nos quinze ans qui s'affolent*
*Dans le petit bois de Saint-Amand.*

*Et sous l'arbre, sans paroles,*
*Tu me berces amoureusement,*
*Et dans l'herbe, jupon vole,*
*Et s'envolent nos rêves d'enfants.*

*Mais un beau jour, tête folle*
*Loin du petit bois de Saint-Amand,*
*Et loin du temps de l'école,*
*Je suis partie, vole, vole au vent.*

*Bonjour l'arbre, mon bel arbre,*
*Je reviens, j'ai le cœur content,*
*Sous tes branches, qui se penchent*
*Je retrouve mes rêves d'enfant.*

*Y'a un arbre, si je meurs*
*Je veux qu'on m'y couche doucement,*
*Qu'il soit ma dernière demeure*
*Dans le petit bois de Saint-Amand.*
*Qu'il soit ma dernière demeure*
*Dans le petit bois de Saint-A...*

*Y'a un arbre, pigeon vole,*
*Mon cœur vole,*
*Pigeon vole et s'envole,*
*Y'a un arbre, pigeon vole...*

La réduplication va donc investir toutes les strates du poème. Les sonorités se reproduisent inlassablement ; d'abord parce que les rimes sont très régulières : toutes les strophes proposent des rimes croisées, qui structurent nettement le texte, même si elles sont peu classiques (pas de respect de la règle de liaison des rimes comme dans la 3$^{e}$ strophe, une même rime associe un vers à finale masculine avec un vers à finale féminine comme "meurs" et "demeure", la 6e strophe casse le schéma en proposant une rime "arbre" qui trouve son homophonie dans le vers même mais ne s'associe pas avec "penchent", en simple assonance avec "content" et "enfant"). Néanmoins, ce qui rend ce schéma particulièrement récurrent et musical, c'est premièrement la brièveté même des vers. Comme le compte syllabique est de 7 ou 9 syllabes par vers, les rimes reviennent à peu d'intervalle. Ensuite, il faut observer que les cinq premiers quatrains fonctionnent sur un même jeu rimique : des homophonies croisées en [ol] et en [ã]. Celles-ci sont de surcroît enrichies par la consonne d'appui : [kol] présent deux fois dans la première strophe revient au vers 19, [fo] et [vol] très proches si ce n'est le voisement de la consonne fricative se répondent dans les 2e et 3e quatrains, [vo] est réutilisé en 4e strophe et [fol] en cinquième. Pour la rime en [ã] de même, la consonne d'appui est régulièrement la labiale nasale [m] ("Saint-Amand", "amoureusement"), ou une labiodentale (comme pour la rime précédente) dans "vent", "enfants", ou une dentale, [t] ou [n] ("maintenant" au vers 4 et "printemps" au vers 10). Enfin, signalons que ces croisements sonores se poursuivent aussi dans les derniers vers du poème puisque la rime [ã] est toujours présente aux strophes 6 et 7 avec les mêmes consonnes d'appui ("content", "enfants", "doucement", "Saint-Amand") et puisque la récurrence [ol] est la rime unique de la dernière strophe. Ces deux homophonies, l'une vocalique, l'autre consonantique, forment donc une vraie trame dans la chanson, car non content de les faire proliférer en bout de vers, Barbara les reproduit aussi à l'intérieur de ces mesures de 7 ou 9 syllabes : [vol] en 3e syllabe du vers 10, [zã] en 4e syllabe du vers 11, [vol] en 3e syllabe du vers 16, [tã] en 4e syllabe du vers 19. Ainsi, pour compenser la rime défectueuse de la 6e strophe, Barbara utilise une double rime interne aux vers 21 et 23 :

> *Bonjour **l'arbre**, mon bel **arbre**,*
> *Sous tes **branches**, qui se **penchent**.*

Les deux vers de 7 syllabes de cette 6e strophe reproduisent donc la même figure rhétorique : le vers léonin qui fait rimer entre eux les deux hémistiches du même module. La politique musicale de la chanson s'avère sans conteste cette résonance entêtante de sons identiques.

D'ailleurs, elle est facilitée par la répétition lexicale. Souvent les mots sont en réduplication immédiate, comme c'est le cas des vers 8 et 20 :

*Pigeon vole, vole, vole au vent,*
*Je suis partie, vole, vole au vent.*

La consonne fricative [v] vient ici lier avec force les deux rimes majeures du poème. La prolifération des récurrences phoniques est également incluse dans une répétition systématique des moules syntaxiques :

*Loin du petit bois de Saint-Amand,*
*Et loin du temps de l'école [...]* (vers 18 et 19).

La conjonction de coordination vient lier deux compléments circonstanciels introduits par la même locution prépositive. Par voie de conséquence, "loin du" forme une anaphore (assez importante puisqu'elle met en valeur la séparation entre le poète et l'arbre) et surtout entraîne un parallélisme. A un vers d'écart, le verbe "coller" se répète dans la première strophe :

*[...] Je m'y colle*
*[...] Tu t'y colles* (vers 1 et 3).

Là encore, le parallélisme n'a pas qu'une fonction ornementale, il instaure par la transformation des pronoms la dualité de la strophe, son rythme binaire et la rapidité virevoltante du jeu enfantin. Dans la même veine de structures en écho, nous avons déjà observé la finale identique des quatrains 2 et 5, et celle des quatrains 4 et 6 :

*Pigeon vole, vole, vole au vent,*
*Et s'envolent nos rêves d'enfant",*
*Je suis partie, vole, vole au vent,*
*Je retrouve nos rêves d'enfants.* (vers 8, 16, 20, 24)

Ces parallélismes épiphoriques pourraient être considérés comme la quatrième structure qui sert de refrain à la chanson, car trois procédés plus massifs sont encore à énoncer. On se servira, à peu près dans les mêmes termes, de la typologie des refrains, établie par Maria Spyropoulo Leclanche. On observe d'abord une sorte de coda, refrain détaché constitué par la strophe ultime qui reprend les mots et expressions principaux de la chanson (à l'exception de l'insertion du mot "cœur"). Cette strophe répétitive intervient d'ailleurs après la reprise identique des deux derniers vers de la septième strophe, reprise qui donnait déjà l'impression d'une clausule. Ils sont donc bien des vers "en plus" dont la récidive a pour fonction principale d'accompagner ou de finir un morceau musical, ce qui est le propre du refrain. Ensuite, on remarque un refrain intégré anaphorique : lorsqu'une répétition lexicale et syntaxique se reproduit sur la quasi-totalité des strophes, elle assure une fonction de leitmotiv, autre caractéristique du refrain. Ici, toutes les strophes, excepté la cinquième, utilise au début de leur premier vers le mot "arbre" précédé soit du présentatif "Y a", soit de l'interjection "bonjour", soit d'une préposition variante "dessus" ou "sous". Grâce à cela, la chanson devient un véritable éloge à la gloire de l'arbre complice. Elle le statufie en le dressant après chaque pause strophique. Enfin, le refrain le plus manifeste reste la reproduction du titre à l'intérieur de chaque quatrain : on parlera de refrain intégré (puisqu'il n'est pas détaché des couplets) épistrophique (puisqu'il se retrouve à une place interne de la strophe, le plus souvent le deuxième vers dans les quatrains 1, 2, 5, le dernier vers dans les strophes 3 et 5) isométrique (puisqu'il ne se fait pas remarquer par un compte syllabique variant mais s'intègre normalement en tant que vers de sept syllabes dans le schéma hétérométrique croisé 7, 9 ,7, 9). Il a certes une valeur d'insistance mais sa fonction essentielle reste plus modestement architectonique par rapport aux trois autres structures repérées, plus symboliques. En revanche, il contribue mieux que celles-ci à la ritournelle d'"Au bois de Saint-Amand". Comme les répétitions sonores, il donne profondément l'impression du ressassement. Comme elles, il fait mieux glisser le rythme et permet des accélérations notables. Il est un fil rouge qui se dévide sans heurts, bien connu dès sa première occurrence puisqu'il est aussi le titre de la chanson. Or ce vers automatiquement rapide est parmi les plus longs (ceux de neuf syllabes). A six reprises, sur les quinze vers de neuf syllabes que compte la chanson, il permet de rendre négligeable l'allongement et donc de dynamiser à nouveau le texte au lieu de l'appesantir, de le précipiter vers son terme. Rappelons que la chanson ne dépasse guère deux minutes ! De même, le refrain épiphorique des vers 8, 16, 20, 24, donnait à certains des autres vers longs du poème la même souplesse. Tout concourt, on le voit, à créer une énergie sans trêve.

Il faut que cette chanson essouffle, comme les "rondes folles" du vers 7, comme le ballet des oiseaux aux vers 9 et 10, comme le va-et-vient de la chanteuse entre les strophes 5 et 6. Le choix d'une musique piquée et saccadée favorise au plus haut point la course des vers puis des quatrains. Le rythme des propositions courtes se coule stratégiquement dans cette mélodie heurtée.

Ces quatre refrains, qui de fait n'en sont pas au sens traditionnel du terme, font donc mesurer le temps à l'auditeur, temps chronologique puisque Barbara égrène en deux minutes les âges et mène face à son public le parcours d'une existence complète. La septième strophe en évoquant le deuil méritait une chute nette, un point final à la chronologie ; or la huitième sert de trampoline, comme dans les chansons pour enfants où une impulsion finale stimule la reprise générale des couplets. Il est notable que ces reliquats viennent d'ailleurs interrompre le bon déroulement de la septième strophe. Le vers 30 est raccourci comme si le redémarrage de la ritournelle était trop urgent et qu'il faille absolument "manger" des syllabes pour assurer son énoncé :

*Dans le petit bois de Saint-A...* (vers 30).

L'apocope est facilitée par l'enchaînement de la voyelle [a]. Les syllabes s'emboîtent d'une strophe à l'autre. Le coup d'accélérateur est donc franc au moment où la trame biographique rencontrait une fin logique. Cette reprise ultime confirme toutes les précédentes : reprise des sonorités, formules redites, répétitions de refrains, rythmes réguliers et récurrents, pour finalement reprendre complètement toute la chanson, comme les scies interminables de notre enfance. La parenté n'est à vrai dire pas fortuite et on remarquera sans peine l'imitation du style enfantin. Le recours à des formules nominales ou averbales donne l'impression d'un langage peu élaboré *a priori* :

*à toi maintenant* (vers 4),
*voilà le printemps* (vers 10),
*Bonjour l'arbre, mon bel arbre* (vers 25).

Globalement, "Au bois de Saint-Amand" se présente comme une chanson d'enfants pour les enfants. L'appropriation de l'arbre d'un bois, dont un adulte sait parfaitement que nul n'en est vraiment propriétaire, est aussi un réflexe très courant des premiers âges. La chanteuse recrée l'impression de l'enfance en imitant la voix, en parodiant les mots, en simulant la candeur déçue... Jusqu'à ce vœu funéraire qui peut passer pour une invention puérile. Dans les chansons comme dans les jeux enfantins, la mort va d'ailleurs bon train. Enfin, la manière de présenter cet arbre frôle la comptine, ces chansons numératives de notre jeunesse. L'article indéfini "un" peut très bien être ressenti dans un premier temps comme le déterminant numéral : "Y a 1 arbre", puis 2, puis 3..., comme d'autres chansons enfantines comptent les poules rousses. Dans la version initiale, l'imitation de la comptine sera plus manifeste grâce à une absence de musique pendant tout le premier quatrain, soit les 10 premières secondes. Ce chant *a cappella* est alors tout à fait approprié pour recréer une situation enfantine, puisque toutes les comptines se fredonnent en général.

Ainsi la chanson sans refrain peut faire oublier à l'auditeur cette carence par de multiples procédés qui lui donneront la même perception rythmique, la même impression de temps compté ou de compte à rebours : des chansons numératives, en liaison avec les comptines, comme celle des "Flamandes" de Jacques Brel qui compte les âges de ces plantureuses belges dont le vieillissement n'entame pas le sens du folklore et de l'épargne ; ou Grand Corps Malade, qui dans "Midi 20", extrait de son album éponyme (2006), annonce par le titre l'heure d'achèvement de sa matinée d'existence et crée un compte à rebours qu'il nourrit de plusieurs indices temporels correspondant à des anecdotes autobiographiques : "A midi moins l' quart j'ai pris mon stylo bleu foncé / J'ai pensé qu' lui et ma béquill' pouvaient m'aider à avancer" ; ou Amélie-les-crayons qui décrit dans "Elizabeth" (*Et pourquoi les crayons ?*, 2004) les préparatifs vestimentaires et matinaux d'une jeune fille : "Elizabeth devant sa garde-robe / A 7h 32 / S'arrache les cheveux"... La chanson se terminera aux alentours de 10 heures avec une Elizabeth qui "sort de chez elle / Toute mal fagotée" ; ou, en symétrie, et par respect de la parité, le réveil plus dramatique et névrotique d'un garçon chez Yann Poncet dans le premier titre de son premier album "Là-haut" (*Celui qui dit qui est*, 2006).

Des chansons énumératives comme "Litanies pour un retour" de Brel encore, "Il est cinq heures, Paris s'éveille" de Lanzmann – Dutronc, "Le métèque" de Georges Moustaki, "Mon p'tit Loup" de Pierre Perret et qui pullulent chez nos auteurs contemporains : Renaud "Mon HLM", Marc Lavoine "C'est ça la France", Jean-Louis Aubert "Temps à nouveau, Bénabar "Les Epices du souk du Caire", Alain Souchon "Putain, ça penche", Clarika "Joker", "Ne me demande pas" et Grand Corps Malade toujours pour le titre "J'ai oublié".

Des chansons anaphoriques comme "Amsterdam" de Brel avec le parallélisme "Dans le port d'Amsterdam" qui entame chaque longue strophe, "Se fendre les joues" de Da Silva (*Décembre en été*, 2005, énumération de l'anaphore matricielle "on devrait pouvoir"), "Je m'en vais" de Miossec (*1964*, 2004, titre qui sert de matrice à tous les vers du poème), "Mourir à 30 ans" d'Abd Al Malik (dont tous les vers commencent par le circonstant "un jour", *Gibraltar*, 2006), "Vu de ma fenêtre" de Grand Corps Malade (parallélisme matriciel du titre) et toutes celles que je citais précédemment.

Des chansons à coda très fréquentes comme "L'aigle noir" de Barbara, "Partie perdue" de Serge Gainsbourg (Jane Birkin, *Baby alone in Babylone*, 1983), "Le sirop de la rue" de Renaud (*A la Belle de Mai*, 1994), "Madame Suzie" de Jeanne Cherhal (*Jeanne Cherhal*, 2002), "Quatrième de couverture" de Vincent Delerm (*Kensington square*, 2004), "Rencontres" et "Saint-Denis" de Grand Corps Malade enfin. Camille, prix Constantin 2005, qui ne fabrique que des chansons très marginales ne met en place par exemple dans "Pâle septembre" (*Le Fil*, 2005) qu'un bissage de la proposition "Je t'aime toujours" et une coda pour terminer le morceau. Raphaël fonde "Dans 150 ans" (*Caravane*, 2005) sur un système d'énumérations avec refrain en anaphore et vers court en épiphore qui propose en guise de chute une injonction au destinataire féminin : "Mais que veux-tu ?".

D'autres stratagèmes peuvent servir de bornes à la chanson et satisfaire la contrainte de brièveté, comme le recours à la correspondance. Annoncer le temps d'une lettre, par une en-tête orale, une adresse protocolaire au destinataire, c'est en soi programmer le terme de la parole ; et la suite de cette recherche montrera que l'épistolaire est étonnamment bien représenté dans la création actuelle.

Le refrain, en tant que répétition lexicale d'envergure, marquée de surcroît par une variation musicale par rapport à des couplets, n'est donc plus qu'une des structures possibles (certes la plus courante) pour jalonner le texte jusqu'à la chute, jusqu'au terme assigné : "Ma préférence" d'Etienne Roda-Gil et Julien Clerc, si elle ne manifeste aucun refrain à proprement parler, s'épuise en répétitions variées ; elle possède une coda, des épiphores régulières du titre, auxquelles il faut encore ajouter les "lallations" finales. Ainsi les onomatopées (celles de Dutronc par exemple), les lallations (celles des Rita Mitsouko dans "C'est comme ça", *The no comprendo*, 1986), les exclamations qui marquent la fin des mouvements intermédiaires, les répétitions immédiates de certains vers (bis, ter), les répétitions en antépiphore qui bouclent les diverses unités constitutives sont autant de techniques différentes qui permettent elles aussi de marquer la progression du texte et de faire sentir à l'auditeur qu'il s'approche de la fin convenue de ce genre bref qu'est la chanson musicale.

Cette brièveté est d'ailleurs, comme en poésie, l'élément fondamental qui constitue le genre spécifique de la chanson. Son principe même de composition repose sur l'économie. Il faut créer un monde, imposer un univers en élaguant tout ce qui viendrait rallonger inutilement le texte. "Trois minutes de musique, ce n'est pas le bout du monde... Justement, si !", ironise à la fin de sa préface Bruno de Stabenrath dans *Qu'est ce que tu me chantes ?* (Robert Laffont, Paris, 2006, p. 14). Car il s'agit finalement dans une chanson de créer des manques pour mieux faire imaginer le monde dans lequel elle s'inscrit. Et là encore, les structures répétitives ne sont nullement contradictoires mais bien partie intégrante de ce déroulement elliptique puisqu'elles offrent la perception de cette irrémédiable limite qui viendra clore le monde dicible. Elles mettent justement en tension la nécessité de dire assez et l'impossibilité de dire plus ou de dire différemment. En redisant, la chanson refuse de dire plus et accepte de dire trop peu.

## Chansons brèves

Ce refus d'un canon commercial qui obligerait la distinction refrain / couplet se manifeste également à travers le choix d'une extrême brièveté pour certaines pièces des albums actuels. Citons un peu au hasard : Etienne Roda-Gil, "New Virginia" (interprété par Julien Clerc, 1'35", 92), Louise Attaque, "Savoir" (1'46" dans l'album 1997), "D'amour en amour" (1'21" dans l'album 2000) et 3 textes courts dans le dernier album 2005, Carla Bruni, "La dernière minute" (60 secondes, *Quelqu'un m'a dit*, 2002), Vincent Delerm, "Catégorie Bukowski" (40 secondes, *Vincent Delerm*, 2002), Camille, "La rue de Ménilmontant" (1'09", *Le Fil*, 2005). Cette présence de pièces particulières qui ne répondent pas à la norme s'explique également par leur insertion au sein d'une macrostructure telle que l'album, dont je confirmerai un peu plus loin la place incontournable qu'il occupe désormais dans la création actuelle. Un chanteur ne s'autorise un texte aussi court que parce qu'il est légitimé et renforcé par un ensemble de textes plus étoffés et plus traditionnels qui le jalonnent et le soutiennent. Ainsi la très courte chanson "Comédie" d'Alain Souchon (interprétée en duo avec Jane Birkin et servant de bande originale au film éponyme de Jacques Doillon, 1985) apparaît comme le titre 5 de la face A, une sorte de bonus, sur l'album de 1988, *Ultra moderne solitude*.

Evidemment aucun interprète qui aspire au succès n'osera remplir tout un album de ces chansons trop courtes ; elles sont parsemées au fil de l'œuvre comme des pièces expérimentales, des espaces de totale liberté, loin des canons promouvables.

C'est aussi une toute nouvelle conception que la chanson comme la pièce d'un puzzle qui ne trouve son sens et sa couleur que dans un environnement étudié, celui de l'album. Je reviendrai ultérieurement sur cette prise en considération assez récente de la valeur intermédiaire de l'album, comme une étape créative. Restons pour l'instant encore sur la pièce du puzzle, au plus près de son élaboration microstructurelle : le vers.

## *2. Abandon partiel de la rigueur métrique*

Le mètre et la rime, en matière de libération, offrent-ils une marge de manœuvre plus importante que le refrain avec lequel il a déjà pu sembler difficile, contraignant, vain ou vaniteux de se révolter ?

Le mètre, si bancal ou audacieux fût-il jusqu'à la fin des années 60 dans la chanson française (citons le cas exemplaire du vers de 18 syllabes dans "Les vieux" de Jacques Brel ou la grande fréquence de l'impair), a tout de même été largement maintenu par la chanson et continue d'ailleurs d'être irremplaçable : on pourra s'attarder sur une licence très surprenante que s'accordent les chanteurs pour maintenir à l'oreille de l'auditeur la mesure, même si le texte et le langage parlé ne sont pas naturellement prévus pour cette rythmique. Si, comme le révèle Henri Bonnard, le e muet est toujours disponible en fin de vers, dans une rime féminine, lorsque le rythme l'appelle, il paraît *a priori* moins légitime de le convoquer au risque de défier l'orthographe. Henri Bonnard cite néanmoins le cas de Brel et précise le contexte phonologique où cette licence se rencontre (*Procédés annexes d'expression*, p. 215) :

> *Il arrive en revanche qu'une note réclamée par le rythme musical et n'ayant pas le support d'une syllabe tire un e fictif*

*d'une finale en [ R ] ou en [ l ], comme il arrive en français parlé, sans inconvénient pour la majorité des auditeurs ; Brel chante :*

"Avec des cathédral' pour uniques montagnes
Et de noires clochers comme mâts de cocagne..."

*("Le plat pays").*

Or ce cas est loin d'être isolé et je l'ai rencontré de manière très fréquente chez Barbara, comme si elle avait compris que cette licence pouvait être tolérée selon une étroite conjoncture et grâce au support musical ? Les artistes de son époque se passaient-ils la consigne ? Toujours est-il qu'elle respecte comme Jacques Brel un cadre phonologique clairement identifié par Henri Bonnard : en effet, tous les textes cités ajouteront une syllabe fictive en utilisant une consonne liquide en attaque : "A peine", "Y'aura du monde", "Le soleil noir", "Ma plus belle histoire...", "Parce que" et "Quand ceux qui vont". Pour un double exemple chez Barbara dans "Rémusat" (1973) :

*Et pas un jour ne se passe*
*Pas une heure en vérité*
*Au fil(X) du temps qui passe*
*Où vous n'êtes à mes côtés.* ("Rémusat", vers 5 à 8)

Un peu plus loin dans la chanson, un nouveau cas :

*Que vos étés se fleurissent*
*Dans votre pays là-bas*
*Aux senteur(X)s odorantes*
*D'une fleur de mimosa.* ("Rémusat", vers 33 à 36)

Cet exemple confirme le souci de la régularité métrique chez des chansonniers émérites qui sont prêts à sacrifier l'orthographe pour garder la mesure.

**Disparition sporadique du mètre**

Pourtant ce mètre incontournable, pour lequel on préfère encore en 1973 violer l'orthographe plutôt que de le faire boiter, Barbara elle-même le mettra à mal, justement à partir de 1973, et de manière encore plus significative à partir de 1985 où la typographie même basculera vers une présentation en vers libres. S'il y a encore des mesures, elles ne sont plus rimantes et ne peuvent plus être soupçonnées de faire boiter le mètre occasionnellement et par inadvertance. Par exemple, dans "Cet enfant-là", en 1975 :

*Cet enfant-là*
*Lui ressemble*
*Il a d'elle*
*Je ne sais quoi,*
*Le sourire*
*Ou peut-être*
*Quand elle marche,*
*Sa démarche*
*Et sa grâce*
*Ma disgrâce*
*Cet enfant-là*
*N'a rien de moi*
*Mais vous ressemble.*

Dans ces treize vers qui se suivent sans chercher ni rime ni mesure jaillissent les quatre unités de trois syllabes, liées par l'assonance en [a] et le jeu des déterminants possessifs *sa* et *ma*. Le texte prend alors une densité que la versification et ses unités longues ne permettaient jamais. Chaque mot pèse de tout son poids dans la signification du poème et les soupçons de remplissage, auxquels les mètres prêtent trop souvent le flanc, ne peuvent plus se poser ici, face à des structures si laconiques. Les vers libres de Barbara sont patents dans ses seize dernières chansons qui emploient un verset minimal, ne dépassant pas cinq syllabes. Or si le cas est manifeste chez la Barbara des années 80 et 90, on pouvait en repérer l'amorce chez Brel dans son ultime titre. En 77, dans son dernier album et pour une unique chanson, Brel abandonne la rime dans "Orly". Le poème est encore pourvu d'un refrain qui fait rimer "cadeau" et "Bécaud", les couplets de part et d'autre sont composés d'hexamètres impeccables mais ils ne riment plus entre eux. C'est la même année dans son album *La Frime* que Léo Ferré présente un texte sans rime composé de trois longues strophes de vers mêlés. Le poème s'intitule "La jalousie" :

*Dis-moi la jalousie comment ça fait comment ça vient*
*Comment ça va*

*Dis-moi comment ça s' fringue aussi la jalousie dis-moi*
*Avec des bas tirés dessus comme une arme qui se dégaine*
*Et qui poursuit des rêves vieux de cent mille ans*
*Avec au creux des dents de loup*
*Dis-moi la jalousie quand ça te prend*
*Au fond d'un lit où tu es seul*
*Avec dans le plafond des araignées*
*Qui tissent un peu de ta mélancolie*
*Que tu prendras demain matin sur l'autoroute*
*A te traîner aux portes de Paris*

*Dis-moi la jalousie comment ça fait comment ça vient*
*Comment ça va*
*Dis-moi comment ça fait des trous la jalousie dis-moi*
*Avec des yeux qui sont doublés comme un radar qui se souvient*
*En pleine nuit de mille autres yeux tout cernés*
*Avec au fond des revolvers*
*Dis-moi la jalousie quand ça te prend*
*Au bord du gouffre où tu es seul*
*Avec au fond dans la vallée du sang*
*Versé dans les poubelles de l'amour*
*Dans les fanfares du retour sur l'autoroute*
*A te rentrer dans ta banlieue / Dis-moi*

*Dis-moi la jalousie comment ça fait comment ça vient*
*Comment ça va*
*Dis-moi comment ça tue le temps la jalousie dis-moi*
*Avec le chrono dans le cœur que tu n'arrêteras jamais*
*A moins qu'il ne s'arrête en plein milieu d'un lit*
*Meuble à deux à deux sans toi*
*Dis-moi la jalousie quand ça te prend*
*Au fond du creux dans la*
*géométrie de ta banlieue avec ses mains*
*Qui grattent au ciel Dis-moi les revolvers*
*C'est pas fait pour les chiens et si tu n'es qu'un chien*
*T'as qu'à rentrer dans ta niche à moins que*

*A moins que... A moins que...*

*Allez... Tire-toi !*

"Chez Léo Ferré, le passage aux formes libres se fait en 1970 dans *Le Chien*, texte charnière qui s'ouvre sur une longue dédicace en huitains d'octosyllabes réguliers et se poursuit en vers libres tendant vers la prose." Mais comme le souligne Christine Letellier à laquelle nous empruntons ce jugement ("De la chanson à de nouvelles formes", *op. cit.*, p. 335), ces textes précurseurs tels que *Le Chien, Les Amants tristes* ou *Préface* n'utilisent même plus de leitmotiv et s'accompagnent d'une rythmique instrumentale réduite à sa plus simple expression. "La solitude", en 77, semble donc être la première chanson en vers libres de Léo Ferré.

Bien d'autres chansons, de création tout à fait singulière comme "Je suis malade" de Serge Lama (1974), miment un délire monologal dans lequel le chant mesuré côtoie des éclats de voix qui sortent du mètre. Ainsi plus le texte de Serge Lama avance, plus le rythme perd en régularité, ce qui finalement ajoute contextuellement des degrés à la maladie du canteur :

*Cet amour me tue*
*Si ça continue*
*Je crèverai seul avec moi*
*Près de ma radio*
*Comme un gosse idiot*
*Ecoutant ma propre voix*
*Qui chantera.*

## Les facteurs d'accélération de cette disparition

Le phénomène va sûrement s'accentuer et se généraliser au cours des années 85-95, sous l'influence de deux facteurs : d'abord la permission offerte par Gainsbourg du "talk over", appelé aussi déclamation scandée, c'est-à-dire l'autorisation de parler le couplet sur le refrain, ce qui le détache d'une rythmique propre, ou de parler le couplet isolément, en le rythmant, ou même de l'énoncer sans aucune rythmique comme dans une chanson à succès de 1983 "Chacun fait c' qui lui plaît" où le texte de Gérard Presgurvic qui pastiche la série noire est complètement parlé, seulement vocal, entre les occurrences du refrain.

Deuxième influence et pas des moindres : le flot discontinu de paroles dans le rap. Son démarrage médiatique et populaire se fait en France et dans la "langue de Molière" à partir de 1990 et du succès de

"Bouge de là" puis de l'album *Qui sème le vent récolte le tempo* de M. C. Solaar. Avant lui, on ne peut guère compter qu'un tube très médiatique et éphémère "Mais vous êtes fou !" du groupe Benny B. Puis, après lui, ce sera, à partir de 1993, la popularité du groupe méridional IAM. Chez lui et ces derniers, l'allongement du texte entraîne un nombre incalculable de jeux phoniques et homophoniques qui brouillent les limites d'un vers par ailleurs peut-être mesuré :

*Sans blague, l'aisance s'affiche comme des tags*
*On drague même avec un phone portable.*
("Les temps changent", *Paradisiaque*, 1997)

C'est particulièrement la technique utilisée par M.C. Solaar auquel appartient l'exemple qui précède et auquel bon nombre de ses collègues rappeurs reprochent ses "acrobaties verbales". Mais le principe de la récurrence phonique ou de l'homéotéleute qui viennent rendre fluctuantes les limites du vers et posent par voie de conséquence des problèmes rythmiques apparaît chez un grand nombre d'auteurs du rap français. Un exemple chez Akhénaton :

*Par contre plus qu'avant être une racaille, une canaille*
*Sans lame frottée à l'ail, 9 mm grenaille*
(IAM, "Lettre aux hirondelles", *Métèque et mat*, 1995)

Détaillons un cas très élaboré dans la chanson "Chercheur de phases" de Grand Corps Malade (*Midi 20*, 2006). Après avoir, dans une première partie du texte décrit le comportement d'un chercheur d'or, puis dans une deuxième partie le sien propre, le slameur construit une troisième partie, en explicitant le parallèle et en évoquant son ambition à l'égard du public :

*Son Grand Ouest, c'est mon petit bureau, t'as vu le parallèle frérot*
*Et si tu pars à Lille, t'es zéro, car ça se passe là dans ton bistrot*
*Moi je fais le pari que tu te tapes des barres dans tous les bars de Paris*
*Mais si tu ris pas et que tu te barres dans ta barre, oublie mon pari*
*Car si je viens juste dire des mots, tu peux pas me maudire*
*Même si je fais ni du Rimbaud ni du Shakespeare, j'sais qu'y a pire*
*Je te jure, respire ! je pourrais faire du Britney Spears*
*Te faire kiffer toi-même tu sais que c'est à ça que j'aspire.*

Pour embellir, enrichir et perturber son verset de 14 à 16 syllabes, Grand Corps Malade multiplie les procédés répétitifs : homophonie de [bar], homophonie de [pari], inversion syllabique : "ris pas", "dire des mots" et "maudire", paronymie humoristique "Shakespeare" et l'expression "j'sais qu'y a pire", rimes brisées "bureau", "zéro", "mots", "Rimbaud", rime interne "respire !".

En outre, le rap favorise d'autres types de morcellement de ce texte long qu'il propose. D'abord le phrasé de l'interprète (Christian Béthune parle de "scansion oratoire" - in *Le Rap, une esthétique hors la loi*, Autrement, 1999) mais aussi un système de récurrences assez complexe qui privilégie l'anaphore et l'énumération. Mathias Vicherat dans l'ouvrage qu'il consacre au rap français met au jour ces phénomènes répétitifs et lancinants qui brouillent les limites du vers et peuvent noyer la rime ; ce qui malgré le terme péjoratif que j'utilise n'a rien en soi de traumatisant (*Pour une analyse textuelle du rap français*, L'Harmattan, 2001, coll. "Univers musical", p. 75-6). Un exemple particulier l'illustrera : il s'agit du premier couplet de la chanson "Il se rêve debout" d'Abd Al Malik (*Gibraltar*, 2006), qui décrit les souffrances morales d'un homme paralysé après un accident de voiture. Les anaphores semblent marquer des débuts de vers mais le phrasé, les bégaiements émotifs très nombreux lors de l'interprétation et surtout la multiplication des mots "bien" et "rien" rendent impossible le découpage, que nous proposons pourtant ici, sans la moindre régularité métrique et donc sans aucune possibilité d'en assurer la légitimité :

*Il s' rêve debout et ça lui va pas bien*
*Parce que sans geste ni parole i t' reste rien*
*Rien qu'un cœur et j'peux t' dire qu'avec cet œil des fois on voit rien de bien*
*Y a des moments comme ça dans la vie où c'est tout ou bien rien*
*Il s' rêve debout et ces derniers temps c'est moins tout que rien*
*Et puis il n'a ni geste ni parole il lui reste rien*
*Rien qu'un cœur pour voir qu'au-delà l'amour il y a rien*
*Et ça va ? Il aurait répondu bien même si ça va plus mal que bien*

De fait, nous isolons ici ce premier couplet parce que la musique semble créer une pause après lui, parce que ce découpage arbitraire dégage une sorte de huitain hétérométrique et parce que le système rimique passera par la suite à des récurrences en [sjõ], [sõ] et [zõ].

Ces deux influences, soit le "talk over" gainsbourien et les versets du rap, viennent alors se fondre et se confondre avec les techniques de plus en plus fréquentes au cours des années 80 de ces vers très courts, irréguliers en matière de rime, et martelés par les échos phoniques, que nous observions chez Barbara, qui deviennent systématiques sous la plume de Souchon ("On nous prend / Faut pas déconner / Dès qu'on est né / Pour des cons, alors qu'on est / Des foules sentimentales") et apparaissent également dans la variété de grande diffusion, chez Etienne Daho par exemple :

*Je fais un vœu*
*Le feu d'un duel au soleil*
*Je rêve d'un duel avec toi*
*En haut de la falaise rebelle* ("Duel au soleil", *Pop Satori*, 1986)

La rime n'est plus nécessaire puisque, à côté d'un rythme vague d'octosyllabes, une couleur poétique est offerte par les allitérations des consonnes fricatives qui permettent de souder les deux isotopies qui se croisent dans ce refrain célèbre : celle du combat et celle des sentiments amoureux.

Zazie, l'une des héritières revendiquées de Barbara, est également spécialiste de cette poésie morcelée qui tronçonne les phrases et les réduit à des vers lapidaires. On citera par exemple la structure filiforme de "Totem" dans l'album éponyme (2007) mais déjà dans l'album *Rodéo* (2004) les chansons aux titres eux-mêmes morphématiques "Oui", "Slow", "Rodéo" :

*Non*
*Pas le temps*
*T'as pas l'argent*
*Pas la solution.*
*Mais oui*
*Puisque c'est ta vie*
*Puisque c'est ton cœur*
*Qui te guidera* ("Oui")

## Des vers boiteux

Du coup, même lorsque les vers maintiennent la rime, les paroliers n'hésitent pas à les faire boiter, contrairement aux scrupules de la génération qui les a précédés et que les remarques d'Henri Bonnard m'avaient permis d'énoncer. La musique et la voix (qui crée artificiellement des voyelles longues pour faire durer les mots ou accélère son débit sur une partie du texte pour réduire le volume des paroles) viennent se plier à un texte qui propose une rythmique imprévisible. Citons un exemple très célèbre comme le refrain de la chanson "Le vent nous portera" de Noir Désir, succès phénoménal de l'été 2000 et qui continue de servir de modèle à tous les guitaristes en herbe :

*Ce parfum de nos années mortes*
*Ceux qui peuvent frapper à ta porte*
*Infinité de destin*
*On en pose un, qu'est-ce qu'on en retient*
*Le vent nous portera*
("Le vent nous portera", *Des visages et des figures*, 2001)

S'il semble vouloir tourner autour de l'octosyllabe, ce refrain quintil vacille pour certains de ses vers entre 6 et 9 syllabes. Même sentiment de flottement métrique dans ce couplet de la chanson "Neige" du groupe Dionysos (*Monsters in love*, 2005) :

*Mais allez neige tombe comme avant*
*Eclaire-moi, j'en veux encore des bras*
*Des comme les tiens, tiens-toi bien*
*Je me tiens bien*
*J'en veux encore des étoiles filantes*
*Entre mes doigts dans le ventre et le cœur*
*Plantez-moi, je me soulèverai*
*Allez petit fais-nous voir ça*
*Je ne sais plus comment ça marche les éclairs.*

De fait, sans mètre assuré, le fonctionnement des rimes paraît également très aléatoire. La vocation de ce texte hétéroclite et la voix de l'interprète qui le chante confortent la perception onirique ou psychanalytique qu'on peut en avoir. Les homonymies ("tiens" possessif et impératif, "éclair / éclaire"), les changements énonciatifs (locuteur : je / nous, destinataire : neige ou enfant, tutoiement / vouvoiement, conseil – réponse), les parties du corps et les multiples expressions du souhait, de la nostalgie, de la frustration, tout cela s'inscrit dans une forme à la fois dépouillée et désordonnée que l'hétérométrie renforce. Ces bouleversements métriques ne sont pas forcément à interpréter comme de simples commodités ou comme une nouvelle mode. A côté de cela, ils participent d'une dynamique consciente et acceptée par l'auteur : effet prosaïque, impression de désordre, mimétique d'une réalité confuse, logorrhée...

Ainsi dans "Fragile" (*Fragile*, 2005), les Têtes Raides proposent un refrain d'hexamètres réguliers mais utilisent pour les deux longs couplets un assemblage hétéroclite de vers de 4 ou de 5 syllabes, sans du tout chercher à homogénéiser les mesures. Les vers du rap sont fautifs au possible et c'est presque une obligation pour créer le désordre dans le phrasé de l'interprète principal :

*Le coups de batte dans les pare-brise des instituteurs*
*Embrouilles à coup de cutter.*
("Petit frère", *L'école du micro d'argent*, 1997)

Ces deux vers d'IAM passent en matière de mesure syllabique du double au simple. Mais par une extension bien naturelle, les alternances incontrôlées du rap (débit rapide / pause marquée) autorisent dans la variété plus traditionnelle une diction particulière qui, en favorisant les accélérations, rend possible une espèce de dérapage rythmique. Ainsi, à l'oreille et parce que quelques rimes surnagent, Da Silva, par des effets d'accélération et de ralentissement, nous donne l'illusion que ses vers sont isométriques :

*Oh mon amour, je n'ai / aucun regret de partir [6+7]*
*Non mais vraiment je n'ai / pas le cœur à m'étendre [6+ 6]*
*Sur de jolies choses passées / en ta compagnie [7+5]*
*Sur de jolies choses passées / usées pour la vie [7+5]*

*On n'a pas su recolorier / le fond de l'écran [8+5]*
*Notre histoire pauvre en couleur / a sombré dans le gris, [7+6]*
*Assombri mon cœur / ne bat plus la cadence [5+6]*
*Des jours heureux / passés en ta présence [4+6]*
(Da Silva, "L'indécision", *Décembre en été,* 2005)

D'ailleurs une tendance manifeste aux vers impairs, moins facilement perceptibles et reconnus par l'auditeur, est aussi à la source de ces vers claudicants. Ce vers impair, autrefois assez rare, devient prédominant chez Vincent Delerm, par exemple ; comme le 9-syllabes dans les couplets de "Sous les avalanches" : "Tu f'ras pas d'publicité d'shampoing / Trois millions parce que tu les vaux bien" ; ou le 7-syllabes dans "Marine" : "Quand je connaissais Marine / Cendrier dans la cuisine" (*Les Piqûres d'araignée,* 2006).

Marie Cherrier dans ces deux premiers quatrains de la chanson "Ni vue, ni connue" (Album éponyme *Ni vue ni connue*, 2005, Coup de cœur de l'Académie Charles Cros) mélange des structures paires traditionnelles (vers de 8, de 10, de 12 syllabes) avec des hendécasyllabes qui instaurent un rythme 5/6 :

*Vieux sapin bleu dans mon jardin (-8)*
*J' grimpe aussi haut qu' je peux m'égratignant les mains (-12)*
*A l'ombre des badauds sous un soleil d'or (-10)*
*Entourée des oiseaux j'en fais mon mirador (-12)*

*Vite je pris goût à cet enfantillage (-11)*
*Le vent dans le cou des épines dans l' corsage (-11)*
*Voir sans être vue espionner mon amant (-11)*
*Ni vue ni reconnue épier c'est pas méchant (-12)*

## Perception contrastée de la rime

Plus rarement, mais l'extrait précédent de Da Silva en porte témoignage, ce peut être la rime qui fait unanimement défaut. Il faut se rappeler qu'en matière de rime, la chanson, historiquement, qu'elle soit de nature populaire ou littéraire, s'est toujours comportée avec une belle largeur d'esprit. Brigitte Buffard Moret, dans un article intitulé "Chanson populaire et chanson poétique : un même style ?" (*De la langue au style*, dir. Jean-Michel Gouvard, P.U.L., 2005, coll. "Textes et langue", p. 51 à 78), énonce au fil de son essai de versification comparée plusieurs raisons qui font de la rime des chansons une exigence fluctuante et habituent l'auditeur à une large tolérance. D'abord parce que la chanson française, au départ seulement orale, s'est formée, par imitation du romance espagnol, sur un mètre long souvent de seize syllabes, que la musique venait cadencer en deux segments octosyllabiques (d'où par la suite la fréquence des structures octonaires puis des vers courts dans la tradition chansonnière). Or la rime n'était prévue que toutes les seize syllabes et ces hémistiches que l'on ressentait comme des vers ne rimaient par conséquent qu'une fois sur deux. Du coup, apparaît dans la chanson écrite une espèce d'autorisation à l'utilisation du vers blanc. Vers blanc qui va s'avérer commode dans tous les cas de traduction, pour peu qu'on la veuille un tant soit peu fidèle. Commode lorsque le poète veut proposer une rime unique difficile à unifier et qu'il transforme parfois en une simple assonance. Alors l'irrégularité peut même devenir une sorte de code dans certaines chansons fabriquées sur le modèle RabéRaa de la comptine (Benoît de Cornulier, *Art poëtique*, 1995, Presses Universitaires de Lyon, Coll. "IUFM", p. 143 et 266) : c'est-à-dire un quatrain qui propose un vers répété en position 1 et 3 et dispose une rime écho seulement en vers 4, composant le vers 2 en totale liberté :

*J'ai du bon tabac*
*Dans ma tabatière*
*J'ai du bon tabac*
*Tu n'en auras pas*

Le refrain quatrain de la chanson "Sur le cœur" de Kaolin (*Mélanger les couleurs*, 2006) fait d'ailleurs varier ce deuxième vers sans pour autant qu'il se mette à rimer avec les trois autres qui l'entourent :

*Je s'rai quand même à la hauteur*
*De mes envies, de mes artères,*
*(De mes ennuis, de mes emmerdes,)*
*J'irai quand même voir le bonheur*
*Et puis lui dire c' que j'ai sur l' cœur.*

C'est en quelque sorte sur ce modèle qu'est fondée l'organisation rimique des quatrains de Da Silva dans "L'indécision" (*infra*, p. 50) : un premier vers en simple assonance, un deuxième en rime estramp (sans aucune forme d'écho perceptible), seuls les deux derniers vers riment entre eux.

Enfin, dans une chanson que le rythme musical tronçonne par lui-même, la rime n'assure pas la fonction de coup de gong, c'est-à-dire de marqueur de fin de vers, comme dans la poésie sans accompagnement, où elle aide la lecture et la perception orale. Ainsi alors que la poésie du XIXe siècle va rendre chez les romantiques la rime de plus en plus riche et de plus en plus ludique, la chanson au cours de ce même siècle va de moins en moins s'appuyer sur des homophonies prestigieuses. Elle se contente d'une rime pauvre, qu'un seul phonème identique vient installer, et pour des finales particulières autorise des approximations, ce qui est encore bien souvent le cas de nos jours. On pourrait par exemple citer les nombreuses assonances entre "ème" et "ène", entre "ome" et "one", terminaisons rares qui apparaissent dans des mots souvent utiles et que les auteurs se voient obligés de combiner même maladroitement :

*Du plus loin qu'il me souvienne*
*Si depuis j'ai dit je t'aime*
*Ma plus belle histoire d'amour, c'est vous*
(Barbara, "Ma plus belle histoire... ", vers10-12, 1965)

*Il venait d'avoir dix-huit ans*
*Il était beau comme un enfant*
*Fort comme un homme*
*C'était l'été évidemment*
*Et je comptais en le voyant*
*Mes nuits d'automne*
(P. Sevran / Dalida, "Il venait d'avoir 18 ans", vers 1 à 6, 1974)

*Attention plus personne*
*Porteurs de glace, de ch'wing gum*
(Alain Souchon, "Quand j'serais K.O.",
*Ultra moderne solitude*, 1988)

Les preuves que la rime chansonnière se contente de peu en matière de qualité et de richesse seraient extrêmement nombreuses. Pourtant, ces approximations ne changent rien à la volonté acharnée de son maintien et de son entretien, en dépit de phénomènes excentriques.

Le mouvement libertaire, qui, sous l'influence de la poésie, aurait pu s'accentuer, va au contraire avoir tendance à s'inverser au cours du XXe siècle. Même si l'on préserve scrupuleusement les licences autorisées, les auteurs de chanson sentent le besoin de rime chez un auditoire que la poésie moderne désarçonne. Par un principe de vase communicant entre poésie et chanson, la naissance puis la systématisation du vers libre en poésie durcissent en chanson le maintien voire la recrudescence du souci rimique. Cela se manifeste aussi bien dans le mouvement de la chanson à textes qui naît à la fin des années 50 que dans la variété de la même époque. Georges Brassens en est certainement la preuve la plus flagrante mais ni la variété qui l'a précédé et suivi, ni les auteurs de la génération suivante, comme Nougaro, Perret, Delanoë, Roda-Gil, Jonasz, Renaud, Cabrel, Duteil, Lalanne n'ont minimisé l'importance de la rime. Une chanson de Christophe très célèbre s'oblige à réveiller des dérivés désuets comme "mignonnette" ou "pauvrette" pour entrer en rime avec le mot titre "marionnettes". A part les audaces tardives de Barbara et les pièces marginales en 77 de Ferré et Brel, l'intention de faire des rimes est toujours en œuvre dans la chanson.

Pourtant, parallèlement au démantèlement du mètre, sous l'influence des jeux de mots homonymiques (rapprochements de termes identiques par le son mais différents par le sens) et paronymiques (rapprochements de termes voisins phonétiquement), se propage une tendance à négliger les rimes, à les oublier puisque le vers ne doit plus être senti comme une unité basique. Depuis une vingtaine d'années, les vers blancs pullulent et beaucoup de textes proposent finalement des homophonies minoritaires voire rares.

**Défaut de rimes**

Une des manifestations les plus visibles de la négligence rimique est une chanson, pourtant très célébrée de 1981, *J'aime regarder les filles* de Patrick Coutin. Le texte compte six tercets d'alexandrins (soit 18 vers) qui reprennent donc six fois en anaphore le dodécasyllabe "J'aime regarder les filles / qui marchent sur la plage". Or sur les douze autres vers variants, il y aura deux rimes avec les mots "sage" et "volage", quelques assonances ("fugaces", "cache-cache", "regardes") et beaucoup de finales très disparates ("lèvres", "corps", "vivre", "garçon", "chaud"...). Ainsi depuis 25 ans, la chanson à textes et la chanson de variété semblent ne pas vouloir faire de la rime une contrainte *sine qua non*.

Voyons de fait chez Mickey 3d, cet extrait prosaïque et sans rime de "Mimoun, fils de Harki" (*Tu vas pas mourir de rire*, 2003) :

*Il sait pas très bien d'où il vient -8*
*Tout ce qu'il sait c'est qu'il est pas français -9*
*Il aurait bien aimé pourtant -8*
*Mais les gens font que d'l'éviter -8*
*Alors il reste planté là -8*
*Raconte des trucs à la fraiseuse[...] -8*

Une chanson aussi populaire que celle de Raphaël Haroche "Caravane" (issue du 3ème album éponyme 2005) finit par proposer deux quatrains qui ne maintiennent aucune récurrence rimique :

*Parce que rien ne peut arriver*
*puisqu'il faut qu'il y ait une justice*
*je suis né dans cette caravane*
*mais nous partons allez viens*

*parce que ma peau est la seule que j'ai*
*que bientôt nos os seront dans le vent*
*je suis né dans cette caravane*
*mais nous partons allez viens.*

Alors que les hexamètres de sa chanson "Jeunesse affamée" (*Pauline Croze*, 2005) sont bien rimés dans les deux premiers couplets, alors que le refrain est même en rime unique, Pauline Croze se satisfait de simples assonances lointaines dans le dernier couplet :

*Ton identité s'efface*
*Pour n'être plus qu'un calque*
*N'être plus qu'un mirage*
*Sur lequel on prospère*

Enfin la chanson d'Adrienne Pauly "J'veux un mec" (*Adrienne Pauly*, 2006) propose en fin d'unité strophique un vers isolé, à rime estramp, qui ne fait écho à aucun autre ensemble de la chanson :

*Embrasse-moi où je meurs.*

Evidemment cette carence se retrouve plus faiblement chez les rappeurs officiels qui se nomment eux-mêmes "princes des rimes". Pourtant, lorsqu'il sort du mouvement "Hip hop" au sens étroit du terme pour aborder en 2004 une carrière plus généraliste, Ridan propose des textes où la rime se réduit à peau de chagrin, malgré un rythme octonaire, bien marqué par la cadence musicale :

*La mélodie de la nature*
*Reprend ses droits sur la folie*
*C'est toute la vie qui nous observe*
*Que l'on oublie au fil du temps*

*La mélodie, celle de la vie*
*Que l'on consume à chaque instant*
*Tous nos acquis s'écrasent au sol*
*Et j'ai choisi la clef des champs.*
("L'agriculteur", *Le Rêve ou la vie*, 2004)

## Maintiens ostentatoires

Au-delà néanmoins, l'absence de rime reste relativement rare et elle demeure très présente voire surreprésentée, même chez les chanteurs réalistes qui sont ceux qui, justement, font couramment boiter le vers. Citons par exemple "Anita Pettersen" de Vincent Delerm dans l'album 2004 (*Kensington Square*), qui joue avec des associations lexicales surprenantes pour maintenir une rime ludique. Le canteur y décrit un mariage ennuyeux où il a eu la malchance (à laquelle on compatit) d'être placé à côté d'une invitée norvégienne :

*Il y a sûrement sous cette tente*
*Quelques discussions sur l'amiante*
*Réal de Madrid, Formule 1*
*Trois couverts à poisson plus loin*
*Dans mon secteur, dans mon quartier,*
*Il est question des grands glaciers*
*Elle parlera solstice d'hiver*
*Jusqu'au grand chariot des desserts*

Pour le journal "Libération" et à l'occasion de la sortie de son deuxième album (*J'ai changé*, 2005), Albin de la Simone montre d'ailleurs tout le bénéfice que l'on peut faire d'une utilisation insolite de la rime : "Je ne cherche pas à être décalé [...]. J'évite seulement qu'on puisse déduire la rime suivante." La rime exerce donc encore un pouvoir attractif chez des auteurs comme Jeanne Cherhal ou Thomas Fersen dans des chansons entièrement construites en quatrains d'heptasyllabes ("Hyacinthe" par exemple dans l'album 2005) ou des titres qui fonctionnent sur un seul croisement rimique ([o] et "ène" dans "Irène", *Qu4tre*, 1999). Mais le maintien ostentatoire de la rime y possède alors tout à fait cette fonction ludique et humoristique que mirent en exergue les rhétoriqueurs du XVI$^{e}$ siècle ou les artisans de l'OuLiPo. Citons en effet la chanson "Madame Suzie" de Jeanne Cherhal (2002, *Jeanne Cherhal*) qui utilise une rime unique en [i] dans tous les vers jusqu'au moment où le fils du personnage éponyme annonce à son père, le mari de Madame Suzie, son homosexualité ; à ce moment-là, des rimes en "on" viennent remplacer la finale en [i] jusque-là privilégiée :

*Le silence avait assombri*
*L'humeur du papa de Jean-Louis*
*Qui se dit il se fout de qui ?*
*Et c'est là que Jean-Louis a dit :*
*Papa Marcel Maman Suzie,*
*Vous en serez sans doute aigris*
*Mais jamais une seule fille*
*Ne passera le seuil d'ici.*
*Pardonnez-moi, j'aime un garçon !*
*C'est pas possible, petit con,*
*Tu mens ou tu perds la raison.*
*Les garçons avec les garçons,*
*On voit ça que dans les feuilletons*
*Pas sous le toit de ma maison !*

L'effet surprenant de cette nouvelle unité rimique déclenche le rire en même temps qu'il construit la structure et la signification de la chanson. La rime, simple ornement expressif, devient ici un instrument sémantique, qui mime la situation de crise et de rupture entre les personnages ainsi que leurs approches de la société et des mœurs. Dans le dernier album de Jeanne Cherhal, *L'eau* (2006), le titre "Canicule" propose un long texte de vers de 4 syllabes et cela représente une certaine performance de faire aboutir ces vers à un entrelacement de rimes croisées régulières. A la manière de Claude Nougaro qui construit sa chanson "Nougayork" (*Nougayork*, 1989) autour de seulement deux rimes : des finales en [ar] et des finales en [ok] qui se syncrétisent dans le refrain titre "Nougayork", des auteurs contemporains rendent leur rime ludique tout à fait souveraine. C'est le cas d'Aldebert dans les quatre albums qui sont à son actif. Il se montre virtuose aussi bien pour créer des rimes complexes (voir la section "Dimension ludique", *infra*) ou des rimes simples et émouvantes, comme celles-ci, sur quatre hexasyllabes qui ne forment qu'une seule phrase :

*Les taches de rousseur*
*Que je portais gamin*
*Se dessinent en douceur*
*Aujourd'hui sur tes mains.*
("Mon père ce héros", *Les paradis disponibles*, 2006)

Renan Luce dans son premier album prend déjà le même chemin. Ainsi dans son texte "La lettre" (*Repenti*, 2006), le mot "jeu" qui termine un vers du refrain sert aussi de pronom sujet dans le vers qui suit :

*Et moi je suis un homme*
*Qui aime bien ce genre de (d'en-)*
*Je n'aime pas les nonnes [...]*

Dans le rock, le débit rythmique, le poids instrumental ou le caractère polémique et libertaire des textes n'annulent pas pour autant le souci rimique. Ainsi, le groupe Matmatah pour son dernier titre "La cerise", extrait de l'album éponyme (2007), propose un refrain quatrain en rime unique et rare qui tourne autour de l'alexandrin et impose de surcroît une rime interne régulière :

*Alors ne me fais pas croire que nous attend la bonne surprise,*
*J'ai autre chose à faire à voir dans cette vie de friandises,*
*Ne me laisse pas croire que nous attend la bonne surprise,*
*Et si jamais tout n'est pas noir, ce ne sera que la cerise.*

Ce refrain se développe en une variante finale qui remet en place la même rime unique autour du titre "La cerise" et les mêmes rimes internes autour du verbe "croire" :

*Alors ne me fais pas croire que nous attend la bonne surprise,*
*J'ai autre chose à faire à voir dans cette vie de friandises,*
*Comment pourrais-je boire ces paroles imbibées de bêtises ?*
*Pourquoi devrais-je donc m'en vouloir dans cette vie en terre soumise ?*

Dans le rap, la rime, coup de gong, sait aussi convoquer le jeu par des phénomènes très repérés dans la poésie traditionnelle sous le nom de rime calembour. Il s'agit d'enrichir la rime appel par une rime écho obtenue sur plusieurs mots ; c'est-à-dire que pour satisfaire tous les phonèmes redondants le poète utilise plusieurs mots et même leur liaison. Par exemple chez le groupe La Brigade :

*J'fais partie de ces gens qu'on laisse à terre*
*Qu'on teste à tort parce que trop contestataires.*
("Le dernier des militants", *Le Testament*, 1999)

On repèrera en grand nombre ces rimes élégantes et souvent humoristiques chez Grand Corps Malade :

*Il est Midi 19 à l'heure où j'écris ce con d' texte*
*Je vous ai décrit ma matinée pour que vous sachiez le contexte.*
("Midi 20", *Midi 20*, 2006)

*Je crois que les histoires d'amour, c'est comme les voyages en train*
*Et quand je vois tous ces voyageurs, parfois j'aimerais en être un.*
("Les voyages en train", *Midi 20*, 2006)

*La route est sinueuse, je veux être l'acteur de ses tournants*
*C'est mon moment de liberté, je laisserai pas passer mon tour, non.*
("J'connaissais pas Paris le matin", *Midi 20*, 2006)

La rime qui est particulièrement privilégiée par ce mouvement musical s'amuse aussi à trouver un écho immédiat deux syllabes plus loin. La rhétorique classique parle alors de rimes couronnées et nous en trouvons très fréquemment des exemples. Chez Anis :

*Parfois j'ai un peu d' mal à aller jusqu'au bout, j'avoue*
*Johnny, plus d'une fois j'ai pris mes jambes à mon cou, c'est fou*
("Avec le vent", *La Chance*, 2005)

Les alexandrins qui proposent par eux-mêmes une rime en ou sont complétés par un prolongement surnuméraire, en incidente, qui rappelle cette même rime.

La rime s'impose comme un pivot nécessaire de la chanson de rap et le créateur se donne tous les moyens de la fabriquer et de l'enjoliver. Ainsi, un mot particulier peut, grâce à l'amplitude des niveaux de langue, se combiner pour la rime avec trois sonorités différentes : en langage soutenu, mythomane, en abréviation, mytho, en verlan, thomy, que l'on rencontre chez Grand Corps Malade ("Midi 20", *Midi 20)* ou Koma ("Réalité rap", *Tout est calculé*). C'est également la banalisation des emprunts à l'anglais qui multiplie les possibilités rimiques. Alain Souchon les a abondamment utilisés ; on se souvient de "Quand j'serai K.O" (*Ultra moderne solitude*, 1988) : "Quand j'serais K.O. / Descendu des plateaux d' phonos". Ou de la chanson titre du même album : "Pourtant j'ai des amis sans bye bye / Du soleil un amour du travail" ("Ultra moderne solitude"). Ou un mélange encore plus détonant : "J'suis mal dans ma peau / En chanteur très beau / And I just go / With my pince à vélo !" ("Bidon", 1975). Gainsbourg de même : "Fuir le bonheur de peur qu'il ne se sauve / Se dire qu'il y a over the rainbow / Toujours plus haut le soleil above / Radieux" ("Fuir le bonheur de peur qu'il ne se sauve", Jane Birkin-Serge Gainsbourg, *Baby alone in Babylone*, 1983). Grâce à une sorte d'alternance codique permise par des emprunts transparents à l'anglais, les chanteurs utilisent les sonorités anglo-saxonnes pour importer des rimes nouvelles et surprenantes en les alliant à des mots français :

*C'est pourquoi j'occupe mes loisirs*
*A graver partout "I was here".*
(Renan Luce, "I was here", *Repenti*, 2006)

Le mélange produit une harmonie parodique dans "It is not because you are" de Renaud (1980) :

*You was really beautiful*
*In the middle of the foule.*

*Don't let me misunderstood,*
*Don't let me sinon I boude* (Renaud),

ou "L'amour à la française", chantée par les Fatals Picards, et qui représentait la France pour l'Eurovision 2007 en Finlande. D'ailleurs, dès leur premier album en 2001 (*Navet Maria*), le groupe picard proposait déjà un savoureux mélange de franglais dans le texte "I live in Picardie".

Ce sont encore les intrusions massives de marque, de noms propres ou de sigles et d'abréviations, en fin de vers, phénomène dont je reparlerai pour l'aspect réaliste, populaire et éphémère qu'il confère en même temps aux chansons actuelles... Il s'agit de toute façon de convoquer tout le matériau lexical disponible dans des niveaux de langue variés pour créer des rimes inattendues et percutantes. Et déjà la variété des années 80 n'avait pas hésité à quitter ses allures grandiloquentes pour créer entre deux mots des homophonies à la fois riches et simples, en se contentant de mettre à profit un vocabulaire du quotidien qu'elle résistait jusque-là à côtoyer :

*On peut pas mettre dix ans sur table*
*Comme on étale ses lettres au scrabble.*

Ces deux derniers octosyllabes sont issus du très populaire succès de Patrick Bruel "Place des grands hommes" (*Alors regarde*, 1988) et nul doute que la convocation toute naturelle de l'anglicisme "scrabble" pour offrir une rime impossible au mot "table" aurait simplifié le casse-tête de bien des "rimailleurs" depuis Clément Marot.

De fait, les constructions énumératives, dont on a déjà noté la fréquence du point de vue structurel, facilitent le jeu des rimes : puisque l'auteur veut souvent privilégier la succession surprenante, son accumulation pourra avec aisance et opportunité enchaîner deux unités qui diffèrent par l'état d'esprit mais sont particulièrement bien réunies quant à leur terme phonétique. Ainsi, il répond à deux exigences à la fois : susciter le rire en mettant en gradation des éléments qui semblent s'organiser autour du coq-à-l'âne et trouver, sans la contrainte logique et syntaxique, des rimes saugrenues. Clarika, notamment dans son dernier album *Joker* (2005, Grand Prix du disque de l'Académie Charles Cros), propose abondamment ces truculentes structures énumératives :

*Je f'rai tout pour toi*
*M'ach'ter l'intégral' de Sardou*
*Me couper un doigt*
*Je te promets je ferai tout*
*Pour toi je veux bien*
*Habiter Saint-Germain en Laye*
*Lire Marx en latin*
*Sortir avec Julien Courbet*
*Si ça t'fait kiffer*
*Tu pourras m'appeler Titine*
*Je me f'rai tatouer*
*Le drapeau belge sur la poitrine*

L'exemple, simplement emprunté au tout début de la chanson "Ne me demande pas", cumule, outre l'énumération fatrasique, l'utilisation des noms propres ("Sardou", "Courbet") et des mots argotiques ("kiffer") pour réaliser cette suite rimique qui permet de soutenir un rythme hétérométrique en vers de 5 et de 8 syllabes. Citons encore le questionnement tragico-absurde de Camille (Dalmais) dans les trois chansons intitulées "Janine" de l'album *Le Fil* (2005) :

*Pourquoi tu m'appelles Janine alors que j' m'appelle Thérèse*
*Pourquoi tu m'appelles Ardèche alors que j' m'appelle Corrèze*
*Pourquoi tu m'appelles triangle alors que j' m'appelle Trapèze*
*Pourquoi tu m'appelles Louis XV alors que j' m'appelle Louis XVI*
("Janine 1").

La norme rimique, comme le refrain, constitue donc une marque de fabrique puissante de la chanson. Elle entre dans la conception même de la variété : étonnante et populaire. Et peut-être que la réduire serait moins un acte d'émancipation à la chanson vulgaire qu'un acte de trop grande soumission à la poésie contemporaine. D'ailleurs, il semblerait que le critère de qualité s'inverse. La variété moderne peut oublier de soigner sa rime alors que les chanteurs qui cherchent la qualité semblent de plus en plus y tenir ou y revenir. Bizarrement, inspirées par l'émancipation de ces dernières décennies, certaines chansons adolescentes et romantiques se permettent de négliger la rime. Or, comme on l'a vu, dans une totale liberté, les artistes contemporains font resurgir cette contrainte archaïque et prennent la peine de la limer pour la faire à nouveau briller. Sous l'effet du rap, la rime redevient un critère de poéticité !

**Ecarts métriques**

Là où la versification traditionnelle est vraiment mise à mal, c'est davantage du côté des écarts métriques ; écarts qui peuvent être minces comme nous l'avons déjà un peu vu : "La chanson qui n'est pas un genre fixe use de nombreuses libertés, notamment en ce qui concerne la prosodie [...], les textes de Thomas Fersen par exemple sont composés sur une mesure tolérant une marge d'une à deux syllabes" (Christine Letellier, "De la chanson à de nouvelles formes", *La Chanson dans tous ses états*, p. 331) ; mais écarts souvent considérables entre les structures qui se suivent et cherchent pourtant la rime chez Cali :

*J'ai besoin d'amour, mon amour sentir l'amour boire l'amour*
*Mais quelle idée as-tu eu là*
*M'oublier au bord comme ça*
*Tous les hommes te désiraient*
*Pas un ne te mettait pas en première ligne de ses fantasmes Je crois,*
*Qu'ils se seraient entretués pour une danse tout contre toi*
*[...]*
*Alors on ne sera pas ensemble des petits vieux*
*Comme on s'était promis*
*C'est peut-être beaucoup mieux*
*Que d'escorter notre moignon d'amour jusqu'à son agonie*
*Notre amour fatigué s'est allongé tout seul dans le corbillard*
*Et deux chevaux dociles l'emmènent un peu plus loin mourir*
*Quel cafard*

("J'ai besoin d'amour", *L'Amour parfait*, 2004)

Nous recopions ici ce qui semble être le premier et le troisième couplet à en juger par des constructions plus mesurées (quatrains croisées autour de 8 syllabes ou refrain sixain autour de 10 ou 12 syllabes) avec lesquelles ils alternent.

L'imperfection du compte syllabique est particulièrement sensible dans les chansons de Raphaël Haroche, même celles qu'il écrit pour Stephan Eicher en 2006 (*Eldorado*), comme "Rendez-vous".

Le rap, comme on l'a vu précédemment avec l'exemple de "Petit frère" du groupe IAM, met en distique rimant des unités métriques qui n'ont aucune proportionnalité. Confirmation de Joey Starr :

*Chaque jour un peu plus*
*J'avais pas l'impression d'être plus côté qu'une caisse à l'argus*
("Laisse pas traîner ton fils", *Suprême NTM)*

Certes beaucoup de chansons tournent encore autour de distiques d'octosyllabes en rimes suivies (certains poèmes slamés de Grand Corps Malade par exemple, même s'il fréquente plus souvent l'alexandrin). Mais le vers libre (de 3 à 5 syllabes) ou le verset (plus de 13 syllabes), structures rares de la chanson traditionnelle, deviennent un élément courant, plus ou moins distingué par des jeux de rimes ou des assonances, plus ou moins perturbé par des rimes internes. Car, suivant l'émancipation du siècle précédent, les paroliers passent d'abord par un zèle marqué pour l'écho phonique et les jeux homophoniques. Dans un mètre variant et toujours inattendu qui n'a alors plus rien d'un carcan rythmique, le poète maintient des rimes intermittentes. Mais même cet ersatz de rime ne devient pas nécessaire et bon nombre peuvent s'en passer en maintenant une couleur poétique de leur texte.

Ainsi pour cette Nouvelle Chanson qui s'affirme avec détermination en ignorant les canons poétiques, il faudrait presque inventer des termes neufs et propres à ces fonctionnement variés ; en tous les cas ne pas parler, comme je l'ai encore fait moi-même par habitude ou par commodité, de "respect de la versification", de "négligence du mètre", ou de "faiblesse de la rime" ; puisque, dans beaucoup de cas, ces déviances sont des attitudes sinon conscientes du moins volontaires d'aboutir à une forme originale et libre. Et il ne s'agit pas de libération comme pour la poésie des années 1870 mais bien de liberté structurelle.

**Chansons en prose**

La question de la chanson en prose se pose donc, comme l'affirme le titre de l'album 94 de M.-C. Solaar *Prose combat*, même si la musique impose des pauses et des silences codifiés qui dégagent à l'intérieur du texte des sous-ensembles, même si le maintien du refrain suggère une infra décomposition. Vincent Delerm utilise par exemple dans "Tes parents" (*Vincent Delerm*, 2002) des couplets où les unités rimantes sont d'une variation syllabique très sensible ; mais il choisit surtout pour avant-dernière strophe un couplet parlé où sa volonté de produire une prose banale s'affirme nettement, notamment dans la dernière phrase avec un glissement vers un discours rapporté très immédiat, indice contemporain sur lequel je reviendrai plus loin :

> *Mais tes parents c'est peut-être des gens bien qui regardent les soirées Spécial Joe Dassin et puis qui disent bah non tant pis on fera la vaisselle demain matin. Avec ta mère qui veut toujours qu'on rapporte les restes de la blanquette quand on rentre le dimanche soir à la porte Champerret et puis ton père qui me demande alors Vincent quand est-ce que vous faites un disque...*

Tout le début de la chanson baignait dans une atmosphère humoristique et satirique. Mais l'émotion et la poésie émergent franchement lors de ce passage référentiel et autobiographique (présence du prénom du chanteur) justement parce qu'il agit à l'encontre d'un schéma attendu.

De fait, plusieurs chansons proposent en leurs extrémités (début ou fin, comme ici, chez Delerm) des zones de prose, souvent accompagnées d'une musique différente, plus lente, ou complètement sans musique. L'une des plus grandes chansons françaises, "J'veux pas qu' tu t'en ailles" (1978) de Michel Jonasz, se permet un préambule qui est resté célèbre :

> *Y a quelque chose qui cloche. D'accord mais faut voir quoi, sans s'énerver. Quelque chose est devenu moche et s'est cassé. Va savoir quand ? Moi qui sais pas bien faire le thé, qu'est-ce que j'vais faire ? C'est un détail mais j'veux pas qu'tu t'en ailles.*

Progressivement dans cette zone prosaïque des vers blancs s'instaurent (c'est-à-dire un retour de l'alexandrin, ou au moins de l'hexamètre) puis la rime en "aille" qui forgera plusieurs distiques de la chanson apparaît. C'est aussi le cas plus récemment de la chanson de Christophe Mali pour le groupe Tryo "Désolé pour hier soir" (2007) ; un long dialogue parlé entre le chanteur et ses musiciens introduit la chanson et se poursuit même au cours de la partie instrumentale. Les Fatals Picards proposent depuis leur premier album en 2001 (*Navet Maria*) des textes parlés comme "Tu danses", dont la seule partie chantée sera le refrain.

Pour avoir l'idée d'une annulation quasi totale des effets de mètre et des effets de rimes, on citerait avantageusement plusieurs textes du chanteur et parolier Gaétan Roussel du groupe Louise Attaque : "Fatigante", "Tes yeux se moquent" et surtout "Cracher nos souhaits" en 97, sur le premier opus, l'une des plus importantes ventes d'album en France :

> *Des fois j'me dis j'vais voyager, parfois géant, j'ai envie d'rester là, souvent j'ai envie d't'embrasser c'est rare quand j'souhaite que tu sois pas là, elle est vieille mon histoire, j'suis pas l'premier à penser ça, j'en ai rien à foutre, tu sais quoi, on va quand même faire comme ça, on va cracher nos souhaits on va donner de la voix et toi donne-moi donne c'est pas facile de savoir pourquoi, pas facile de compter sur soi.*

Le texte qui accumule des propositions indépendantes est pourtant soudé, et par la voix traînante du chanteur, qui rend une atmosphère lugubre et désespérée à la hauteur de certaines expressions péjoratives et désabusées, et par les répétitions, les suites en parallélismes, les enchaînements homonymiques. Ce discours confession prend alors un caractère très étrange. S'agit-il d'une déclaration d'amour qui a du mal à s'assumer ou tout simplement à se faire ? Les formulations très orales, qui laissent même passer des scories du langage phatique comme "tu sais quoi" rendent l'ensemble prosaïque et informe. Des unités internes sont donc difficilement perceptibles même si les finales de phrase avec le son [a] sont récurrentes.

Ce goût de la chanson en prose, il est également patent chez Florent Marchet qui en tire de formidables bénéfices, jouant par ce biais à la fois à l'innocence farfelue et à la lucidité caustique. Citons la fin de sa chanson "J'ai 35 ans" :

> *Vivre en appartement, ce n'est pas seulement apprendre des règles, mais en imposer. Il faut maintenir la distance animale nécessaire. Se contenter d'un bonsoir dans l'escalier ou d'une modeste analyse météorologique. Ce soir-là, je n'avais tout simplement pas envie d'être seul avec elle, surtout lorsqu'on entend des rires dopés au champagne traverser le papier à cigarette qui me sert de plafond. J'avais discuté longuement avec un type du quatrième qui cherchait depuis "un certain temps" un emploi et sans aucun doute de la compagnie. Nous étions tombés d'accord sur le fait que la piscine n'était pas si loin, qu'il fallait dorénavant prendre soin de nous, puisque dans notre jeunesse on en avait bien profité. Je lui avais par conséquent proposé – à deux c'est plus stimulant – des séances de dos crawlé et de brasse papillon, de préférence en soirée. Pourtant les éclairages des piscines me révulsent et, la plupart du temps, les pulvérisations accidentelles de chlore dans les narines me brûlent les sinus. J'ai tout naturellement laissé traîner les choses. D'ailleurs, lui non plus ne m'a pas appelé. Rien à foutre. Depuis peu, j'ai recommencé à déconner.*
>
> (*Rio Baril*, 2007).

Même du côté du slam, le début de certaines chansons d'Abd Al Malik ("Les autres" ou "La gravité", *Gibraltar*, 2006, Prix Constantin, Prix de l'Académie Charles Cros) ne laisse apparaître que très peu de récurrences phoniques. Aléatoires, dans une rythmique bousculée, elles ne peuvent plus construire une forme versifiée. Et c'est une impression discursive et prosaïque qu'en reçoit de toute façon l'auditeur.

Il faudrait d'ailleurs encore faire remonter ces choix rares de la chanson en prose jusqu'en 1981 où l'inclassable CharlElie Couture obtient un anachronique succès avec des textes tout à fait marginaux. Citons par exemple "L'histoire du loup dans la bergerie" dont je recopie les paragraphes 1, 3 et 5 :

> *Derrière le parking, qu'est désert la nuit, à côté de la voie ferrée dans une impasse étroite, il y a un p'tit bar aux papiers peints jaunâtres, papiers peints jaunâtres ; le vin pique la gorge*

*et le pain des sandwiches est plus mou qu'une éponge, bien plus mou qu'une éponge. C'est pas un bel endroit, mais ça suffit pour boire, un canon, deux canons avant d'aller se coucher, un canon, deux canons avant d'aller se coucher. [...]*
*Il a vu toute la terre, il a fait tous les pays, il dit qu'il a été légionnaire, alors on l'appelle comme ça, on dit : "Tiens v'la le légionnaire..." Il dit pas l'Indochine, il dit qu'il a fait l'Indo pis aussi l'Algérie, il raconte que sa vie et pis toujours la même histoire, son histoire, celle du loup dans la bergerie, celle du missionnaire accroupi dans son lit. [...]*
*On y comprend que dalle mais ça fait rigoler les buveurs fatigués en sortant du boulot, et même si on se fout de lui, on lui paie une tournée pour qu'il raconte encore et encore, l'histoire du loup dans la bergerie, celle du missionnaire ébloui.*

Et ce dernier exemple convient autant par sa forme (absence de vers et de rime, ressassement en guise de refrain, vocabulaire familier, tournures orales, polyphonie) que par son fond (scène de beuverie, lieu public réaliste, ancrage social, historique voire politique, recours aux *topoi* des contes) dans le modèle populaire qui me semble présider aujourd'hui à l'élaboration d'un grand nombre des textes actuels de la chanson française. Or il entre justement dans mon projet de montrer que la particularité de la Nouvelle Scène française, et au-delà d'elle de la chanson française contemporaine, réside dans une politique de l'originalité et de la liberté qui ne s'enferme pas dans un hermétisme littéraire mais garde au contraire à l'esprit les exigences mélodiques de l'auditeur et lui parle avec naturel (une illusion de naturel) du monde qui nous environne et des rapports humains qui s'y jouent. Alors que les années 90 ont privilégié le vocal et le musical et que les chanteurs à textes n'ont pas remporté de franc succès, les années 2000 réussissent à concilier le textuel et la popularité, imitant en cela la période historique des années 50 :

*[Dans ces années-là], la chanson franchit une limite, devient l'équivalent d'une poésie orale, [... sans être] pour autant un genre intellectualiste et au contraire, durant les Trente Glorieuses, elle se popularise. Brel, Brassens, Béart, Ferrat... font partie du paysage sonore et leurs dires mélodiques égrenant hantises, colères, blessures, désirs ... s'intègrent à un*

> *ethos collectif de large amplitude sociale.* (Joëlle Deniot, Professeur de Sociologie à l'Université de Nantes, site "www.chanson-realiste.com", article "Aventure et identité".)

C'est ce constat sur la veine des chanteurs poètes, ceux dont il ne viendrait plus à l'esprit de quiconque de dénier la légitimité, qui me semble pouvoir être tiré également de nos jours.

# EGALITE

## (DES REGISTRES)

## *1. Se revendiquer comme un art populaire*

***(le mélange du matériau lexical, le jeu sur les expressions convenues, la déconstruction syntaxique)***

Partons du principe que la chanson, faite pour une communication paisible et harmonieuse avec l'auditoire, si elle cherche l'égalité populaire, ne revendique en règle générale ni le populacier ni le politique. Si j'entends parler d'une égalité par la chanson, il ne s'agit ni d'une promiscuité vulgaire ni d'une proximité communautariste.

Il serait d'ailleurs assez audacieux de soutenir que la musique a pu servir de tremplin, par nature, à des propos sulfureux, scabreux, révolutionnaires. En effet, la grande majorité des textes que l'on a accompagnés de musique a souvent fonctionné comme un simple faire-valoir de la mélodie. Partant, les paroles n'étaient pas forcément destinées à être réellement écoutées et les imprégner de messages violents aurait alors paru tout à fait incongru et inutile. La violence est faite pour être visible. Que servirait alors de la reléguer dans des textes secondaires, peu porteurs, comme les paroles des chansons ?

Ainsi, art populaire par excellence, la chanson française n'a majoritairement pas, sur les huit siècles d'existence dont nous avons une trace écrite, de volonté à incarner la violence ; surtout d'ailleurs parce qu'elle a toujours eu une vocation distrayante. Elle est, quel que soit le domaine où elle se pratique, un élément de divertissement, destiné à égayer le peuple ou en tous les cas le groupe. Nous repérons ses premières apparitions écrites au moment où elle se démarque nettement de la musique vocale religieuse, à l'époque courtoise, c'est-à-dire aux environs du XIII$^{e}$ siècle. Dans l'un et l'autre cas, qu'elle se pratique à l'église ou à la cour, j'ai du mal à croire qu'elle pût être agressive ou subversive. Il faudrait donc chercher ailleurs des paroles destinées à violenter l'auditoire. Sacrées ou profanes, elles restent dans la droite ligne de la morale. La chanson courtoise, écrite pour les dames de la cour, s'est d'ailleurs épurée de toutes les marques de violence guerrière que pouvaient contenir les anciennes chansons de geste, les épopées. On n'y parle plus que de "fin' amor", de liaisons platoniques entre une dame et son chevalier servant. Tout y est conventionnel, chaste et stéréotypé. La tradition de la chanson d'amour s'ouvre alors, et nous sommes partis pour huit siècles de grands sentiments, qui déclinent l'amour sans grandes variations et ne rendront jamais réellement compte, sauf quelques exceptions que nous signalerons, de ce que peut être la violence des corps qui s'étreignent, avec ou sans consentement mutuel.

## Chansons triviales

Qu'en est-il avant cette première chanson écrite ? On peut garder la trace lointaine de chansons paillardes dès le III$^{e}$ siècle après J-C, réservées aux repas de noces. Face à cet engouement coupable pour des textes lubriques, des prêtres comme Saint-Bernard écrivirent des chansons à boire exemptes d'impuretés, afin de limiter les effets de celles qui avaient cours dans le peuple. Ce premier indice d'une réaction face à une chanson qui apparaissait comme trop "violente" ouvre enfin une voie royale. En effet la chanson grivoise, la chanson d'amour vache, dite aussi chanson à boire, profondément irréligieuse et souvent immorale, offre par son contexte de collectivité et d'ébriété beaucoup des signes qui préfigurent la lutte des corps. Il faudrait néanmoins s'interroger : si les paroles sont certes vulgaires, outrancières et outrageantes à l'égard de quelques institutions ou à l'égard des femmes, elles sont très souvent prétextes à rire. Très excessifs, souvent loufoques et peu réalistes, ces textes contiennent en eux-mêmes le remède sédatif pour calmer toute impulsion. Preuve en est leur longévité, puisqu'ils ont encore passablement cours de nos jours. Même l'église a vite renoncé à les limiter ou les interdire. Tout le monde comprend la naïveté et l'esprit bon enfant dans lesquels ils sont écrits. Trop grossiers pour passer la rampe, ils n'obtiendront d'ailleurs jamais une réelle audience. Aujourd'hui, surtout, à part quelques spécialistes, on se souvient vaguement d'un curé qui "revenait de Nantes" et le commun des mortels bredouille la suite sans conviction. Nous pourrions citer un exemple plus moderne de ce type de texte, qui connut un certain succès dans les années 90. Il s'agit du titre "Daniella", chanté par le groupe Elmer Food Beat :

*Moi ce que j'aime chez Daniella*
*C'est que l'on peut s'y mettre à trois [...]*
*Il y a toujours de la place*
*Pour les copains qui passent.*(*Elmer Food Beat*, 1990)

L'ostentation et l'exagération d'une telle description annulent tous les effets les plus pervers. Personne à l'époque de la sortie du disque ne songea vraiment à le critiquer ou à le censurer. Les propos égrillards dans cet album et dans le suivant (*Je vais encore dormir seul ce soir*, 1991) pourtant de la même inspiration parurent bon enfant.

Comme on le disait donc plus haut, la violence des corps qui s'étreignent ne trouve pas sa place dans la chanson, dans cette tradition profondément populaire, que l'on n'écoute jamais dans une prédisposition à recevoir des messages violents. Pour rester sur le sujet, je fournirai trois autres exemples contemporains. A la fin des années 70, Michel Sardou provoqua une vague de contestation assez vive avec un texte intitulé "Je vais t'aimer" :

*A faire pâlir tous les Marquis de Sade*
*A faire rougir les putains de la rade [...]*

Tom Novembre confiait un jour dans la presse qu'il avait avec un groupe de manifestants interdit le passage du chanteur à Nancy. Pourtant, ce qui déplut alors était moins la violence des images sexuelles que la situation d'avilissement dans laquelle les paroles plongeaient les femmes. En effet, on pouvait contextuellement reprocher au chanteur quelques allusions impudiques à la soumission de la chair féminine. Et c'était là ce qui avait choqué. Il s'agissait en fait d'un problème social et d'un combat féministe. Ainsi, lorsque le public ressent de la violence dans des paroles de chanson, c'est moins pour une question de physique que de moral, de morale, d'éthique.

Le deuxième exemple va le confirmer. Le groupe N.T.M. choqua l'opinion publique avec une chanson grossièrement sexuelle. De quoi s'agissait-il ? "Brigitte, femme de flic". Que leur reprochait-on ? Moins les allusions érotiques au corps de ladite Brigitte que le statut de son cocu de mari. Laisser imaginer aux auditeurs des femmes insatisfaites n'a rien de choquant, ce serait même plutôt drôle ; le théâtre de Boulevard du XIXe siècle a fondé toutes ses intrigues sur ce prétexte et bien des chansons illustrent encore ce thème : "Les amis de Monsieur" de Fragson dans les années 1920, "Quatre-vingt quinze pour cent" de Georges Brassens dans les années 1950, Serge Lama revendique dans les années 70 "Je suis cocu mais content" et Cali lui emboîte le pas en ces années 2000. N.T.M. n'attirait l'attention qu'en ridiculisant le corps policier et en laissant supposer que la fonction de l'époux avait quelque chose à voir dans les pulsions de sa moitié. Le problème subversif se déplaçait donc du domaine sexuel au domaine social. D'ailleurs, dès 1956, Brassens utilisait le même subterfuge de contestation sociale dans "Le nombril des femmes d'agents" :

*Voir le nombril de la femme d'un flic*
*N'est certainement pas un spectacle*
*Qui du point de vue de l'esthétique*
*Puisse vous élever au pinacle...*

L'été 2007 voit naître une chanson de Max Boublil particulièrement scabreuse intitulée "Ce soir" (mise en ligne le 2 mai 2007 et sortie en single deux mois plus tard chez MusicAz.). Le titre est complété par la formule "tu vas prendre" qui sert de refrain ; refrain qui s'élargit au fil de la chanson et se complaît en diverses hyperboles. Le texte, qui par ailleurs ne sombre pas dans la grossièreté et procède allusivement, crée l'impression vulgaire (disons "trash") à partir du contraste entre ce programme vespéral et les allusions romantiques que proposent les débuts de strophes et qu'impose une musique au piano. Le clip instaure le même mélange ironique puisqu'il se contente au départ de mettre le jeune pianiste en plein cadre pour s'élargir dans un deuxième temps sur son auditoire, les pensionnaires d'une maison de retraite que les propos du chanteur d'abord désarçonnent puis finissent par réjouir. Ce jeu des contrastes donne à l'ensemble une portée à la fois paillarde et grotesque, qui en atténue les indéniables dimensions perverses.

**Chansons polémiques**

S'il y a donc une crudité ressentie par l'auditoire, elle se manifeste moins dans le choc des allusions érotiques (pour lesquelles la chanson n'a jamais été très avant-gardiste) que dans le choc d'un tabou social que des textes subversifs tentent de transgresser. Si les chansons sexuelles précitées n'ont pas vraiment affolé les bonnes mœurs, les chansons libertines du XVIII$^{e}$ siècle, empreintes de philosophie libertaire et d'athéisme, avaient davantage d'étoffe. Crébillon fils fut le plus prestigieux président des caveaux où on les composait et les fredonnait. C'est donc surtout le cadre provocateur de la libre-pensée qui rehaussait l'impact violent de ces textes. Comme je le disais tout à l'heure, la violence doit se voir, elle se nourrit d'éléments extérieurs et notamment une intention de violence.

Alors que jusqu'au XVI$^{e}$ siècle la musique et la chanson faisaient bon ménage, la renaissance va hiérarchiser tout cela, promouvoir une musique noble (qui se passe de vocalises et devient seulement instrumentale) et cantonner la chanson dans un art mineur et populaire. Elle devient alors "refrain", "chansonnette", "scie", "vaudeville" (à l'origine "voix-de-ville") ou simplement "air" : tout un lexique qui la connote péjorativement. Mais cet art réservé au peuple, celui-ci va s'en emparer dès la fin du siècle pour illustrer les guerres de religion. Ces textes dénonciateurs et provocateurs dont on connaît l'existence n'ont pas laissé de si grandes traces écrites. Et pour cause : une ordonnance de police, datant de 1395, avait proscrit sous peine d'amende et de prison "toutes rymes ne chansons qui facent mention du pape, du Roy et des seigneurs de France." C'est donc sous le manteau qu'allaient circuler des chansons politiques aux accents vengeurs et/ ou pathétiques :

*A mainte femme enceinte,*
*Le ventre ils ont fendu,*
*Sans avoir de Dieu crainte,*
*Les enfans ont pendus,*

*Qui n'avoient pas trois mois,*
*Au bout de leur harnois.*

Ainsi se lamente le chansonnier huguenot en une complainte de treize couplets. Jamais la chanson sociale ne revêtira une aussi grande importance que pendant les années qui s'ensuivent, en cette période si propice de la Fronde. Quelque six mille "Mazarinades" ont été dénombrées. La censure débordée laissa faire. Circulaient alors des recueils de chansons explosives au style sans détour : "Mais je voudrais bien étrangler notre putain de Reine !".

Au XVIII$^{e}$ siècle, pour peu que les événements historiques le permettent, le vaudeville refait surface sur le Pont-Neuf, à Paris. La chanson devient une chronique permanente de la vie quotidienne. Elle se poursuit au XIX$^{e}$ siècle par ce qu'on appela alors les "goguettes". L'auteur le plus célèbre en est Béranger que la Restauration incarcéra en 1822 à la prison de Sainte-Pélagie. Le titre de la chanson qui lui valut ce discrédit est évocateur : "Le vieux drapeau". Poète libéral, antiroyaliste, grand offenseur de la religion et de la morale, Béranger connut en tant qu'agitateur individuel une grande renommée, jusqu'à obtenir à sa mort, comme Victor Hugo, des funérailles nationales le 16 juillet 1857. Pourtant son cas reste très isolé et il est difficile de croire que ses "goguettes" mirent vraiment le feu aux poudres. Cependant, certains lui attribuèrent ce mérite. A l'époque, la rareté des journaux, la grande proportion d'illettrés donnaient à la chanson une importance, inconnue aujourd'hui, d'arme de propagande. A coup de goguettes, on s'affrontait ou on fraternisait et tout ceci, commencé dans la chanson, pouvait finir en pugilat.

Il est pourtant difficile de s'en convaincre de nos jours. Car toute cette chanson d'actualité semble plus servir d'exutoire à la violence que de véritable moteur de celle-ci. De faible qualité musicale et littéraire, elle ne marque jamais les consciences ; elle passe et s'évacue au fil des événements historiques. Trop contextuelle, trop proche de la chronique et de l'anecdote, épousant seulement les caprices et les méandres de l'histoire, elle perd en profondeur et en "universalité". Il n'est pas anodin que le XX$^{e}$ siècle l'élimine peu ou prou malgré ses instabilités politiques et ses deux conflits internationaux. La tourmente de 1940 notamment ne suscita aucune œuvre militante, malgré la création depuis 36 du groupe "Octobre" des frères Prévert. A l'exception du sublime "Chant des partisans", plus triste et froid que réellement choquant, la chanson politique était bel et bien morte depuis plus de cent ans.

S'il faut retrouver de tels agitateurs dans la France contemporaine, nous devons plutôt attendre les années 50, c'est-à-dire bien après que les mitrailleuses ont refroidi. Brassens pour l'anticléricalisme, Ferré pour l'antimilitarisme, Brel pour l'anti-bourgeoisie constituent un trio célèbre. Tous trois utilisent mêlé à une syntaxe pure et élaborée un vocabulaire très familier ou injurieux. Tous trois n'ont pas froid aux yeux pour ridiculiser leurs ennemis. Pourtant nulle censure n'entrava durant les Trente Glorieuses leur carrière artistique. C'est donc que leurs propos, s'ils sont audacieux, n'en sont pas pour autant effrayants. Ils sont déjà dans l'air du temps et ne précèdent Mai 68 que d'une courte décennie. En fait, la transgression des tabous ou tout du moins de la morale chez ces poètes chansonniers s'allie à un ton humoristique et encore un peu gouailleur. La violence verbale est donc désamorcée par un cadre comique voire grotesque, volontairement exagéré ou parodique en tous les cas. Les mots sont violents mais le ton ne l'est pas. Le populaire annule le polémique. Nous verrons qu'il est à nouveau un peu question de cela dans la Nouvelle Scène française.

La chanson peut difficilement se révolter contre une fatale caducité. Vouée à l'éphémère par son format et son audience, vouée au frivole par sa tradition folklorique et de variété, la chanson n'apparaît donc pas *a priori* comme le support idéal pour développer des prises de conscience auprès d'un large et durable auditoire. Si une parole engagée ou des prises de position politiciennes veulent s'insinuer, il est d'autres médias bien mieux adaptés. Or nous avons pris ici en compte jusqu'ici le seul message textuel de la chanson. Pourtant, piètre vecteur d'idées et d'idéaux sur le long terme, la chanson récupère dans la performance orale les handicaps qu'elle pouvait avoir sur le papier. Sa place incontournable dans le divertissement des masses l'oriente même absolument vers l'engagement et l'influence idéologique. Si la chanson est insidieuse et politique, c'est donc par son aura, son prestige et l'adhésion quasi corporelle qu'elle permet, grâce au chant, à la voix, à l'euphorie, entre un interprète, un texte, une mélodie et des auditeurs.

Un exemple illustrera parfaitement à quel point l'énonciation l'emporte sur l'énoncé. il s'agit de l'interprétation qu'offrira en 1984 Rachid Tahat et son groupe Carte de Séjour de la chanson "Douce France". Leur prestation fut considérée comme engagée alors qu'elle ne faisait que restituer un texte de Charles Trenet, qui n'en avait absolument pas vocation. En faisant varier la musique, en y ajoutant quelques inflexions maghrébines, la chanson lyrique s'était retrouvée au cœur d'une polémique, à laquelle la rhétorique de Charles Trenet n'avait pas du tout contribué et que seules la mise en voix, la performance avaient instaurée. D'une manière plus générale, la chanson a un goût prononcé pour la parodie et l'autodérision ; les références intertextuelles et autotextuelles, les emprunts musicaux, qui sont légions dans la chanson (autour du rap notamment) en font un art par nature palimpsestique qui ouvre à polémique. Et cette continuelle réécriture du passé dans la chanson est, en plus de la volonté de surprendre et de choquer, une manière de contrecarrer sa vocation éphémère et sa tradition moraliste.

Par ce préambule qui me semblait nécessaire, j'ai souhaité démontrer qu'en elle-même, aucune chanson, par nature pourrait-on dire, n'entraînerait une réaction malsaine. Si elle le fait, c'est qu'elle a été placée ou fredonnée dans un contexte qui la rend subversive. Le chant, au contraire, lié à notre enfance et aux moments souvent heureux de notre existence, semble entièrement voué au réconfort et à la pacification. Geste de communication, échange, stimulation à la concorde, il faudrait sérieusement vouloir le dévoyer pour qu'il résiste à cette mission première. Aussi lorsque je vais chercher des traces de popularité dans les textes contemporains, c'est justement pour montrer que leur succès vient à mon avis de ce que la Nouvelle Scène française réoriente la chanson vers cette direction. Et la vulgarité des paroles sur laquelle je veux maintenant revenir n'est qu'un des aspects de cette réconciliation entre le public et une chanson qui cherche la qualité sans pour autant sombrer dans un ésotérisme poétique et sans s'éloigner de sa vocation de faire chanter et de réunir les masses.

## Langage vulgaire

La grossièreté de certains vers est une posture tout à fait nouvelle qui n'a rien à voir avec une tendance populacière. Au contraire, alors que les mots triviaux tendent à être éliminés des chansons préfabriquées, destinées à la jeunesse, ils viennent trouer des textes sobres et classiques et surprendre l'auditeur par leur crudité dissonante. Le langage très familier, dans des pratiques plus anciennes, restait l'exclusive d'un type de répertoire bien déterminé ; comme la chanson réaliste et romantique, qui n'hésitait pas à signaler son ancrage populaire par des expressions vulgaires et des tournures tout à fait identifiables, à l'instar d'Edith Piaf qui, dans une chanson lyrique comme "Hymne à l'amour" (1951) déclamait "Je me fous du monde entier" ou se laissait incarner, sur des paroles de Michel Emer en fille de joie :

> *Ca lui rentre dans la peau / Par le bas, par le haut*
> *Elle a envie d' gueuler / C'est physique*
>
> ("L'accordéoniste", 1942).

Cette tendance à assumer un personnage typiquement humble et d'extraction sociale défavorisée par un style exclusivement familier se manifeste encore de nos jours : Olivia Ruiz ("J' traîne des pieds", *La Femme chocolat*, 2005) ou Balbino Medellin ("Gitan de Paname", "Dans les bras d'ma reume", "Quand j'avais quinze ans", *Gitan de Paname*, 2005)... Et on peut trouver en grande masse des écarts de langage identiques chez certains paroliers de la chanson rock ou rap qui n'hésitent pas à fabriquer des rimes ou des jeux de mots à partir d'un lexique proscrit par le bon usage et les bonnes mœurs.

De même, ces expressions triviales se dissolvent chez les chanteurs engagés ou provocateurs dans une pornographie parfois douteuse. A propos du rap, on pourrait parler de politique (ou de poétique) de l'obscénité. "Cette vulgarité peut s'appréhender comme une option artistique spécifique : celle de passer outre les rigueurs de l'académisme, de "chamailler" la langue, de taquiner les mots pour redéfinir leur sens" (Mathias Vicherat, *op. cit.*, 2001, p. 113). Phénomène de transgression et d'identification, le contournement des tabous chez certains chanteurs de rap ne doit pas être regardé seulement comme un isolement du genre dans des sociolectes urbains : derrière le "langage de jeunes, langage de la rue", derrière la provocation impudique, il y a simplement l'imitation (et la création) d'un lexique populaire auquel on veut donner un contexte signifiant et poétique :

*J'ai mis les mots au tapin pour la sensation*
*Au trottoir les syllabes, prostitué la diction.*
*Les lettres travaillent pour moi*
*Le dico est mon territoire,*
*Un pays dont je veux être le roi*
*J'ai traité les phrases comme de vraies dames*
*Tiré les plus belles pour les mettre en vitrine comme à Amsterdam*
("Chez le mac", IAM, *L'Ecole du micro d'argent*, 1997)

Mathias Vicherat, qui cite cet extrait d'IAM, déjoue le parallèle qu' Akhénaton y déploie entre le travail d'un souteneur et celui du rappeur. Le proxénète et le poète sont associés et la vulgarité du verbe "tirer", dans le dernier vers de l'extrait, peut se lire dans une acception plus propre et méliorative s'il se rapporte au second. On y sent bien la volonté d'afficher avec ostentation la dimension grossière d'une phrase : il s'agit de mettre en scène le vulgaire et de le porter à l'oreille de l'auditeur, comme une figure de style. Dans une situation diaphasique de la langue française où l'expression écrite et l'expression orale sont quasiment en diglossie, où la parole publique ne brasse pas du tout le même lexique que la parole privée, l'utilisation, courante au quotidien, d'une formule grossière reste en chanson un geste interdit et puissant qui n'a rien de banal. Abd Al Malik complète cette vision dans la chanson "Céline" (*Gibraltar*, 2006) :

*Faut faire attention quand on utilise les mots*
*Le verbe du peuple, le parler d' la rue*
*Parce que du beau peut jaillir la laideur absolue*
*A force de vouloir faire rue on est devenus caniveau.*

Mais cette particularité, si facilement observable dans le rap, me semble plus révélatrice d'une tendance générale chez des auteurs qui semblent *a priori* moins spécialistes du langage populaire. Souchon a lui-même commenté le choix des mots "zigouiller" en couplet et "niquer" en refrain, dans le titre à succès "Et si en plus il n'y a personne" de son dernier album (*La Vie Théodore*, 2005). Il nous a habitués à faire du mot grossier ou argotique une espèce de raffinement d'écriture qui crée tension avec le registre (certes oral mais néanmoins) assez chic de son lexique coutumier. Dans "Putain, ça penche" (*La Vie Théodore*, 2005), le trou grossier est net et appartient au titre, également refrain et seule phrase grammaticale au milieu d'une longue énumération de marques. Du coup, le juron devient un élément significatif qui insiste sur l'ébahissement et le découragement du canteur face à la société de consommation qui lui donne le tournis ; tournis qu'il fait sentir dans cette grossièreté, "putain", réflexe physique (et moral) à son malaise.

C'est également depuis bien longtemps le pari lexical de Brigitte Fontaine qui s'amuse à insérer un vocabulaire trivial et moderne dans des vers aux parfums surannés. Ce mélange est encore plus manifeste dans son album *Libido* qui offre l'avantage, pour notre étude, d'associer à ce fait stylistique, un propos érotique voire graveleux. Citons une strophe de la chanson "Elvire", jeune lolita aguicheuse et vaguement lesbienne :

*Le duvet d'or très fin / Dévoilé par son string*
*Fait kiffer les gamins / Et les vieux encore swings.*
*Elvire n'en a cure / Elle aime ses copines*
*Les profs belles et mûres/ Et l'espiègle voisine.*

La génération actuelle offrira elle aussi maints exemples de cette mixité du lexique, permise par deux si belles signatures que Souchon et Fontaine. On pourrait citer Camille, récompensée par le Prix Constantin 2005 et la Victoire de l'album révélation pour *Le fil*, dans sa chanson "Ta douleur" :

*Qu'est-ce qu'elle veut cette connasse*
*Le beurre ou l'argent du beurre ?*

On citera un vers de Raphaël Haroche dans la chanson "Dans 150 ans" (*Caravane*, 2005) : "De la vie qui nous baise" ; le refrain de Clarika dans la chanson éponyme de son album *Joker* (2005) qui propose la question "Dans mon jeu de cartes, ma destinée, qui vais-je tirer ?" pour laisser au moment d'une reprise sa langue fourcher au profit de la formule "Qui va me tirer ?". Ou les titres de Sansévérino ("Cette conne m'ennuie", *Exactement*, 2006) et des Têtes Raides ("Qu'est-ce qu'on se fait chier !", qui sert d'enseigne à une chanson et à un album, 2003). Ou des formules quasi blasphématoires comme celle-ci d'Adrienne Pauly : "Dieu, t'as d'la merde dans les yeux" (*Adrienne Pauly*, 2006). Ou des formules grossières comme "les trottinettes à la con" dans "Il fait si beau" de Vincent Delerm (*Les Piqûres d'araignée,* 2006), "très chiant d'être une mouette" dans "Bon anniversaire" de Bénabar (*Bénabar*, 2001). Ou des rimes désobligeantes en "-asse" dans un des derniers titres de Benjamin Biolay ("connasse", "radasse", "pétasse", "Dans la Merco Benz", *Trash Yéyé*, 2007). Ou encore Louise Attaque qui, dans la chanson éponyme de l'album *Si c'était hier* (2005), propose une suite d'adjectifs à finale identique en guise d'anaphore "capricieux", "astucieux", "généreux" pour finir par la formule, adjectivale elle aussi, "un peu merdeux". Gaétan Roussel, parolier et chanteur du groupe Louise Attaque proposait dès leur premier album événementiel en 1997 le titre, devenu légendaire, "Ton invitation", qui déclinait le soliloque incohérent d'un goujat désœuvré :

*Tu sais j' suis pas un mec sympa*
*Et j' merde tout ça, tout ça.*
*Tu sais, j'ai pas confiance,*
*J'ai pas confiance en moi*
*Tu sais, j'ai pas d'espérance*
*Et j' merde tout ça, tout ça...*

"Merde" d'un usage banal est ici transformé en verbe, ce qui est moins courant.

Le mot grossier vient perforer le texte et provoquer, même innocemment, l'auditeur ; et cela d'autant plus si le début de la chanson n'avait pas manifesté d'intentions familières. Comparons deux extraits où le terme très injurieux "salaud" intervient tôt dans le début de la chanson :

*La pluie qui tombe est douce et nous faisons l'amour*
*Certains plus loin se livrent au commerce de l'eau*
*Comme ils flairent une faillite, ils prennent des airs salauds*
*Et ils monnaient la pluie et nous faisons l'amour*

("Le commerce de l'eau", Dominique A, vers 1 à 4, *Auguri*, 2001)

*On me dit que nos vies ne valent pas grand chose*
*Elles passent en un instant comme fanent les roses*

*On me dit que le temps qui passe est un salaud*
*Et que de nos tristesses il s'en fait des manteaux*
("Quelqu'un m'a dit", Carla Bruni, vers 1 à 4,
*Quelqu'un m'a dit*, 2002)

La comparaison est très facile puisque ces quatrains sont liminaires dans chacune des deux chansons. L'utilisation d'un alexandrin rigoureux, avec une césure propre à l'hémistiche, les dimensions poétiques affichées dans les répétitions, les inversions et les personnifications créent chez Dominique A comme chez Carla Bruni un contexte impropre à la présence d'un terme populacier. Or à la rime dans les deux cas (mais le nom et adjectif "bourreau" aurait fait l'affaire), en emploi nominal ou adjectival, "salaud", au troisième vers, apporte avec lui, en plus de son sens dénoté, des connotations particulières : dépit et impuissance du locuteur face au constat désolé qu'il énonce. Il n'est pas une bizarrerie langagière ou l'idiolecte particulier d'un canteur vulgaire, il est à la fois un signe extérieur de son désarroi intérieur et un signal phatique à l'adresse de l'auditeur. "Salaud", c'est ici le mot qui réveille et qui émeut.

Le juron que Florent Marchet place à la toute fin de sa courte chanson "Il fait beau" (*Rio Baril*, 2007) connote avec une puissance douloureuse le retournement qu'a opéré le texte entre un début climatique presque enthousiaste, puis des remarques banales, accentuées par l'élimination des mètres, des rimes et par le lexique prosaïque ; et finalement cette chute à la "Zazie" de Queneau, inattendue, enfantine, rebelle et pathétique, grâce à l'effet fracassant du mot vulgaire :

*Il fait beau. Nous sommes mercredi.*
*J'ai douze ans et la pelouse du jardin est vert fluo.*
*Les thuyas viennent d'être taillés par un type de la mairie.*
*Les autres sont au stade. On dispute la finale du district.*
*Je suis trop vieux pour écraser les gendarmes sur les dalles tièdes de l'entrée.*
*Alors je m'ennuie.*
*Mon père vient de se barrer sans même prendre le temps de gifler ma mère.*
*Cette fois-ci il ne reviendra plus, a-t-il dit.*
*Mon cul.*

Bruno Cali, au milieu de textes lyriques au langage courant voire soutenu distille des injures aberrantes et réjouissantes : "bonne qu'à sucer des pokémons" dans "Tes désirs font désordre" (*L'Amour parfait*, 2004) ou "des bande-mou" dans "Tes yeux" (*Menteur*, 2005). Citons justement "Tes désirs font désordre" :

*Tes désirs font désordre*
*Je n'avais pas cette impression*
*Qu'il faille déjà tordre*
*Le cou de notre passion*

*Si tu dois t'en aller*
*Croquer le cul d'autres garçons*
*Je ne pourrai qu'accepter*
*Ta lamentable démission*

On se rappelle les litanies de gros mots chez Brassens. On se rappelle l'audace de Barbara qui, la première, à la fin des années 50, chante "Elle vendait des p'tits gâteaux" en prononçant le mot "merde" au final de cette chanson humoristique, alors que tous les interprètes précédents l'avaient pudiquement remplacé par un bruitage. Ces associations choquantes d'un vocabulaire truculent avec un lyrisme métaphorique accompli étaient également la particularité, en ces années 60, d'un chanteur aussi inclassable et remarquable que Claude Nougaro :

*Pourquoi veux-tu que je me perde*
*Dans tes cités à quoi ça sert !*
*Je verrai toujours de la merde*
*Même dans le bleu de la mer.* ("Bidon", 1966)

Ces rencontres poétiques hasardeuses, excellemment mises en musique et en voix, ont sûrement contribué à banaliser l'utilisation parcimonieuse mais ostentatoire d'un vocabulaire familier qui pourrait ne pas attenter à la valeur du texte dans son ensemble. Une chanson aussi soignée que "Toulouse" (1967) propose un vers aussi populaire que : "Ici même les mémés aiment la castagne". Il y a de la part de Nougaro un parti pris de mixité qu'il affiche même dans son œuvre littéraire :

*La tête c'est bien joli*

*Mais il ne faut pas*
*Que le cul s'emmerde...*
(*L'Ivre d'images*, Le Cherche-midi, 2002, p. 47)

Elle relève à la fois d'un goût particulier de la provocation mais aussi d'une envie de mettre les mots, tous les mots à profit, profit rimique et profit thématique. C'est également sur ce choc frontal entre deux domaines lexicaux que Francis Lalanne a assuré sa carrière au tournant des années 70. Il pouvait dans "Marteau piqueur" jouer d'une métaphore aussi puissante que celle de son titre et traiter de "cons" dans la même phrase les dealers.

Or désormais, cette volonté de surprendre l'auditeur, qui fut une spécialité de Nougaro ou de Souchon, est tout à fait assumée par la jeune génération ; dans la même chanson de Cali, la vulgarité attendue à la rime est détournée à la quatrième strophe :

*Tes désirs sont des ordres*
*Je dois me faire une raison*
*Je n'ai plus la main assez verte*
*Pour bien arroser ton balcon.*

D'une part le refrain titre ("Tes désirs font désordre") a laissé la place à la formule galante en début de strophe et surtout, au quatrième vers, le mot "gazon", métaphore triviale du sexe féminin, s'est vu *in extremis* remplacer par un pudique "balcon", peut-être encore plus vulgaire s'il vient désigner les seins et toute la zone poitrinaire de la compagne. Cali confirme ce raffinement de vulgarité dans le titre de son album Live en 2006 *Le Bordel magnifique*. Cette grossièreté populaire est donc une feinte puisqu'elle apparaît paradoxalement dans les chansons qui sont *a priori* destinées au public le plus adulte et le plus cultivé. Il s'agit bien alors de surprendre, de créer une certaine instabilité et de détourner l'auditeur d'un usage commun et manichéen du lexique.

**Dimension populaire**

Ce langage vulgaire pourrait servir d'illustration à un mouvement et une revendication populaires de la Nouvelle Scène française à l'image de l'argot qui a favorisé le réalisme social et urbain des chansons de Renaud, deux décennies plus tôt. Mais l'argot de Renaud sert à mettre en place un populisme linguistique qui lui permet de brosser, avec la tonalité adéquate, des portraits tantôt tendres et pathétiques (prolétaires, mineurs, immigrés, délinquants, loubards, drogués, homosexuels, victimes de l'urbanisme inhumain, vieillards : "Chtimi", "Son bleu", "Pépette", "Le Retour de la Pépette", "La mère à Titi", "Doudou s'en fout", "Deuxième génération, "Petit voleur", "Petite conne", "Petit pédé", "Mon HLM", "Rouge-gorge", "Cent ans"), tantôt mordants et pitoyables (cons, machistes, militaristes et militaires, bobos, pétasses, participants du Dakar : "Mon H.L.M", "Mon Beauf", "Déserteur", "Etudiants poils aux dents", "Trois matelots", "Olé !", "Les bobos", "500 connards sur la ligne de départ") de la société. Or il n'y a pas la volonté chez les chanteurs contemporains d'entrer dans une communauté linguistique particulière afin de mieux représenter la communauté populaire (et marginale) qui l'utilise. Hors du rap, la chanson française ne cherche à imiter personne et surtout pas une parole distinctive. Au contraire, elle veut parler comme tout un chacun, et se mettre au plus près d'une représentation "idéale" du langage ordinaire : "Je sais ce que je ferai si l'on m'annonçait la fin du monde pour dans dix minutes", chante Cali (*Menteur*, 2005). La maladresse des deux prépositions mises à la suite ("pour dans") n'est pas évitée puisqu'il s'agit d'un emploi oral très courant. Cali semble conscient que pour formuler l'idée temporelle du terme ("pour") en même temps que celle de la durée ("dans dix minutes"), il n'existe en langage standard aucune possibilité naturelle et que seule cette inconvenance de l'écrit peut y parvenir avec l'expressivité de la conversation courante.

Du coup, il me semble important d'observer, à l'instar de la poésie moderne, une posture qui met en valeur le langage populaire à la faveur de certains de ses tics, comme les adverbes, les incidentes, les interpellations, les impératifs, les pronoms démonstratifs, les mises en relief, les approximations, les indéterminations, les scories... Tout un ensemble de faits linguistiques qui miment le négligé et l'inconséquent de la parole orale. Le titre à succès "Partons vite" du groupe Kaolin (*Mélanger les couleurs*, 2006) paraît tout indiqué pour le démontrer. Quelle légèreté des tournures, quelle insouciance des phrases, quand dans le même temps, une trame implicite fait entendre le chagrin des amours déçues !

*Allez, danse, danse, viens dans mes bras,*
*Allez, tourne, tourne, reste avec moi,*
*Allez partons vite si tu veux bien,*
*Dès le jour,*
*Le soleil brille très haut tu sais,*
*Mais j'aime ça, je t'attendais*
*Alors partons vite si tu veux bien,*
*Sans retour...*
*Ris plus fort et parle-moi*
*De nos projets, nos rêves tout ça*

*Donne-moi la main, embrasse-moi,*
*Mon amour*
*Le temps comme ami, moi je veux bien*
*Mais les amis ça va, ça vient,*
*Alors partons vite brûler le jour*
*Et la nuit*

*Evidemment, tu l'aimes encore,*
*Je le vois bien tu sais, et puis alors ?*
*Mais pour l'instant ferme tes yeux,*
*Passe ta main dans mes cheveux.*

En s'étourdissant de mots inutiles (l'incidente "tu sais" à deux reprises, l'injonctif "allez" à trois reprises, le raccourci emphatique "tout ça"), le canteur cherche avec spontanéité des effets de persuasion : il invite, il convie ; il exhorte, il stimule ; il se confie et il s'épanche... Plus implicitement, par un cliché, il crée un état d'urgence : "Le temps [...] ça va, ça vient". Bref, il faut partir. Mais ce que cache cette attitude entraînante et désinvolte, c'est encore un sous entendu qui l'énonce : "et puis alors ?". Le canteur fait mine de négliger ce détail qui est pourtant essentiel : l'interlocutrice ne l'aime pas, elle a d'autres amours en tête et elle ne partira pas avec lui, elle ne le suivra pas malgré son insistance ; et la fin de la chanson viendra d'ailleurs le confirmer. Or c'est avec une syntaxe et un lexique tout simples, un style coupé, que la chanson crée cette tension entre un enthousiasme communicatif et une réalité désabusée. Le discours *in vivo* se fond dans les pulsations mélodiques. Et plus le rythme nous porte, plus il nous fait croire à la réussite de cette invitation au voyage, plus le texte efface ses incohérences (quelle heure est-il donc ?), plus saisissante sera l'abnégation du canteur, prêt à ravir une jeune fille qui ne l'aime pas encore, prêt à oublier l'humiliation de son refus probable...

On trouve dans le roman de Michel Houellebecq *La Possibilité d'une île* (Fayard, 2005, p. 312) une réflexion curieuse de son personnage principal Daniel. Celui-ci entend dans un bar madrilène une chanson aux paroles simplistes et il s'en émeut : "Toujours est-il que le refrain était : *"Mujer es fatal"*, et je me rendis compte que cette chose si simple, si niaise, je ne l'avais jamais entendu exprimer aussi exactement, et que la poésie lorsqu'elle parvenait à la simplicité était une grande chose [...]". Ce jugement de Houellebecq sur la poésie est absolument polémique et des textes théoriques comme *Rester vivant* et ceux qui le complètent (Flammarion, 97, 98, collection "Librio", 1999) mériteraient des nuances. Pourtant, il est clair que le sentiment exprimé par le personnage établit une alchimie entre le langage populaire et la musique, qui permet de transcender la banalité pour accéder à l'expression parfaite. La musique et la voix donnent aux mots un temps et un ton de prononciation qui les font résonner à la conscience et à la mémoire.

La chanson, grâce à la mélodie, "peut conférer à certaines expressions du langage commun leur titre de noblesse, les élevant à la dignité d'images poétiques en révélant leur musicalité" (*Chantons sous la psy*, p. 38). Et Philippe Grimbert de citer en exemple : "Et pourtant", "Comme d'habitude", "Au fur et à mesure", "Et maintenant", "Tout doucement"..., mots outils ou formules conventionnelles de la langue, que tout à coup une mise en musique, une intonation et une inflexion viennent sortir de leur usure et de leur banalité. Et l'on pourrait adapter cette série à l'époque contemporaine où se retrouvent aussi des titres brefs et énigmatiques qui ne rendent pas compte du contenu sémantique de la chanson qu'ils représentent : "Là" de Mickey 3d (*La Trêve*, 2001), "Pfff" de Régis Cunin (*Cousu main*, 2003), "Encore" de Martin Rappeneau (*La moitié des choses*, 2004), "Oui" de Zazie (*Rodéo*, 2004), "Oui, non" de Louise Attaque (*A plus tard crocodile*, 2005), "J'ai" de Rose (*Rose*, 2006).

Il y a donc une alchimie entre des mots simples et une mélodie qui les sanctifie provisoirement et contextuellement. C'est ce qu'exprime Claude Duneton en parlant de "chansons maigres" dans son *Histoire de la chanson française* (Seuil, 1998, volume 1) : "Les vers des chansons ont curieusement besoin d'être plats, car ils doivent laisser la place à leur parure, à leur écharpe mélodique, à la musique qui les anime, au rythme qui les grossit, leur octroie leur pleine charge poétique". Et Claude Duneton compare les vers simples, naturels et spontanés de "La mer" aux "Chansons folles" de Trenet, beaucoup plus abouties poétiquement et qui "sont de loin les moins connues parmi son abondante production. C'est-à-dire que leur richesse littéraire intrinsèque a freiné et sans doute amorti leur impact de chansons... ".

**Dimension ludique**

Peut-être aussi la chanson refuse-t-elle de ne se voir attribuer un label de qualité que lorsqu'elle soigne son vocabulaire et sa syntaxe, lorsqu'elle s'enferre dans l'hermétisme (à la manière de la poésie moderne), lorsqu'elle cherche trop justement à imiter cette poésie moderne derrière laquelle elle mènerait une course vaine. Du coup, ce qui me semble caractériser très fortement les textes contemporains, ce sont, quels que soient le genre musical et la prétention littéraire de toute chanson actuelle, les phénomènes ludiques qui se généralisent ; comme des expressions inventées de toute pièce : "étrangler le borgne" dans "Déserteur" de Renaud (*Morgane de toi*, 1982), action que le poète refuse en fustigeant le service militaire et dont on aurait bien du mal à donner une définition assurée, ou "ravager la moukère" dans "Foule sentimentale" (1993) qu'Alain Souchon traduit de la chanson pour enfant "ravadja la moukère" dans le sens approximatif de "bouleverser la ménagère" ; comme les rimes étonnantes et exigeantes de Serge Gainsbourg qui convoquent des mots rares et choquants : rimes en "-ide" dans "La ballade de Johnny-Jane" (1985) et en "-ème" dans plusieurs des chansons qu'il offre à Vanessa Paradis sur l'album *Variations sur le même t'aime* ; des collisions lexicales et phoniques chez Sansévérino :

*Dans les embouteillages, tu penses autant au temps qu'au temps*
*Où tu n'auras plus d'ongles et où tu te mang'ras les dents.*
("Les embouteillages", *Le Tango des gens,* 2001)

Des échos phoniques chez Olivia Ruiz sur des paroles de Mathias Malzieu, le chanteur et parolier du groupe Dionysos :

*Taille-moi les hanches à la hache*

*J'ai trop mangé de chocolat.*
("La femme chocolat", *La Femme Chocolat*, 2005)

La majorité des phonèmes vocaliques sont très ouverts et il sont mis en valeur par des consonnes palatales qui nécessitent pour ces deux octosyllabes une nette articulation. Même si la suite de la chanson ne concrétise pas les mêmes performances, ces deux vers liminaires imposent une marque de fabrique originale et loufoque, qui sied bien au contenu lexical, enfantin, onirique et absurde. Les prétentions ludiques sont évidemment très fortes chez Alain Souchon avec ses allitérations performantes :

*Tant de démagogues*
*De temples de synagogues*
*Tant de mains pressées*
*De prières empressées*
*[...]*
*Tant de torpeur*
*De musiques antalgiques*
*Tant d'anti douleur*
*Dans ces jolis cantiques*
("Et si en plus il n'y a personne", *La Vie Théodore*, 2005).

Par l'idée de "prétention ludique", je veux montrer précisément le parti pris léger (et pas forcément comique, ne nous y trompons pas) de ces créateurs, qui utilisent une plume désinvolte pour traiter des sujets parfois dramatiques. Et peut-être au bout du compte la charge émotionnelle de leurs textes se renforce-t-elle au moyen de ces astuces divertissantes, de ces contournements légers, de ces fioritures paradoxales.

La chanson ne cherche pas l'oralité par ces procédés. Au contraire, elle s'en écarte soigneusement par un détournement du langage ordinaire, malgré les airs démocratiques, prosaïques, ludiques et pragmatiques qu'elle se donne. C'est ce principe qui régit par exemple les foisonnantes revivifications de métaphores usées, les défigements d'expressions stéréotypées et d'adages convenus que l'on trouve dans le rap, chez N.T.M. ou M.-C. Solaar. Certes, ils ne font qu'imiter Georges Brassens qui en est le spécialiste et l'on pourrait dérouler à l'envi les exemples du poète sétois :

*Il n'y a pas de quoi fouetter un cœur / Qui bat la campagne / Et galope.*

*Tes écarts, tes grands écarts / Te seront pardonnés...*

*Donner aux couturiers bien du fil à retordre[...].*

*Toucher à la fesse promise.*

*S'il faut aller au cimetière / Je prendrai le chemin le plus long / Je ferai la tombe buissonnière.*

*Or lassé de servir de tête de massacre / Des contes à mourir debout qu'on me consacre [...].*

*Ne jetez pas la pierre / A la femme adultère / Je suis derrière.*

*En suivant mon chemin de petit bonhomme.*

Mais, comme lui aussi, les rappeurs partagent la conviction profonde, tout en revendiquant dès 1994 un rap en langue française, que le style du chanteur doit "tonner" et "étonner". Il s'agit de réveiller le langage populaire pour lui donner du mordant, du piquant et le sortir de sa léthargie vulgaire. Car avec le jeu de mots, c'est un principe de connivence qui s'instaure avec l'auditeur : "le plaisir prend place dans l'identification de la formule de référence et dans la reconnaissance de l'écart et de la surprise" (Lucienne Bozzetto, "Chanson, lieu commun", *La Chanson dans tous ses états*, 1996, p. 267). Alors cette tendance à jouer avec le langage, qui n'a plus seulement une ambition gouailleuse, pourra gagner des textes de variété aux volontés pathétiques ou lyriques. "Dans 150 ans" de Raphaël (*Caravane*, 2005) n'est pas le genre de chanson qui a envie de jouer : le parolier y accumule par flash des scènes quotidiennes tristes et des opinions pessimistes sur l'avenir. Pourtant vers la fin, Raphaël chante : "J'en mettrai bien ma main / A couper ou au feu", mélangeant deux catachrèses de la langue qui s'appuient sur la "main" pour certifier une promesse authentique. Da Silva pratique aussi le détournement d'une expression figée : "On devrait pouvoir se fendre les joues d'interminables sourires" ("Se fendre les joues", *Décembre en été*, 2005), transformant la formule "se fendre la gueule ou la poire", en l'atténuant pour qualifier plus lyriquement le sourire. Le groupe Dionysos titre l'une de ses chansons "Tes lacets sont des fées"

(*Monsters in love*, 2005) et crée un texte et un clip à l'avenant de ce jeu de mots. Enfin Zazie, dans une chanson plutôt pathétique, "Homme sweet homme", propose une fusion autour du mot "ménage" entre des pratiques domestiques, telles que la poussière, et des allusions sexuelles comme le latex :

> *Je te ferai du plat je suis bonne cuisinière*
>
> ("Homme sweet homme", *Zen*, 1995).

Sur le même principe d'une mise en parallèle de deux réseaux lexicaux et pour traiter un sujet similaire, Clarika tisse dans la chanson "De quoi c'est fait" (*Joker*, 2005) un agréable patchwork, pour lequel les relations amoureuses sont comparées à des travaux d'aiguille et à des préoccupations textiles :

> *Les sentiments, ça s'effiloche / Ca s' détend, ça fait des bouloches*
> *Sur l'étiquette, y'a rien écrit / Tout ça, on nous l'a jamais dit.*

Dans une perspective plus caustique, chez Bénabar : "Il était un foie, deux reins, trois fois rien..." ("Bon anniversaire", *Bénabar*, 2001) ou chez Anaïs : "Je t'aime à en crever / Des pneus pour que tu restes ici" (*The Cheap show*, 2005) ou chez Renan Luce dans ces quatrains qui décrivent comment "Monsieur Marcel" (*Repenti*, 2006), un fossoyeur narcoleptique, est débauché à cause d'une Générale au "bras long" :

> *Hier la veuve d'un général*
> *Qui avait cru entendre des râles*
> *A fait rouvrir le monument*
> *Tout ça pour quelques ronflements*
>
> *Il faut croire qu'avoir des galons*
> *Donne à sa veuve le bras long*
> *Il a suffi qu'elle le déploie*
> *Monsieur Marcel n'a plus d'emploi*

Jeu de mots de mauvais aloi, aurait dit Maître Capello trois décennies plus tôt. Le détournement de proverbes est, par exemple, l'une des spécialités de Guillaume Aldebert. Quelques exemples puisés au hasard de ces quatre albums : "Pour vivre heureux, vivons couchés", "mariages t'reggae", "le moral à Zorro", "J'voudrais tourner sept fois ma langue dans sa bouche", "la méthode couette", "La mise amour" pour l'expression martiale "mise à mort". Citons également son goût du jeu de mots et de la paronymie qui se manifeste dans quasiment tous ses refrains :

*Je te ménage,*
*Bon gré mal gré,*
*Tu emménages,*
*Qui l'aurait cru*
*Ils aménagent*
*le vide gagné*
*Elle déménage,*
*N'en parlons plus.*
("Des ménagements", *L'Année du singe*, 2004)

*Mettre les formes, prendre le large,*
*Elle veut vivre l'énorme et l'extra large,*
*Glisser de la norme à la marge.*
("La norme et la marge", *L'Année du singe,* 2004)

Le jeu de mots, en tant que formule choc proche du slogan, se déploie aussi bien vers des registres plus polémiques comme ceux qu'adoptent Pauline Croze. Sa chanson féministe "Femme fossile" (*Pauline Croze*, 2005) montre des formulations qui jouent sur la paronomase pour saisir l'auditoire :

*C'est le deal de notre idylle la règle d'or.*
*Tu voudrais faire de moi une femme fossile,*
*Désolée pour toi mais je n'ai pas le profil.*

Ici, par un mélange de l'anglais et du français, elle rapproche le mot "deal", d'emprunt récent, du substantif "idylle", qui appartient au français littéraire. Dans "Jeunesse affamée" qui dénonce l'influence néfaste des marques et des médias sur les esprits adolescents, ce sont des récurrences rapprochées de la syllabe [pa] qui insistent sur le pouvoir corrosif et pernicieux de la publicité :

*Jeunesse affamée de demain,*
*Les modèles d'actualité t'aguichent du haut des affiches,*
*Leurs appâts, leurs apparences, passent pour de nouveaux repères,*
*Mais dessous l'enrobage se cache un goût amer.*
(*Pauline Croze*, 2005)

On mentionnera, à titre promotionnel, l'élégance et la verve d'un auteur compositeur interprète comme Balbino Medellin, dont l'album *Gitan de Paname* (2006) recèle grâce à des inventions stylistiques quelques moments très intenses, comme ce jeu homophonique autour de l'adverbe "d'ailleurs" :

*C'est ta gueule un peu blême*
*Qui sait plus dire "je t'aime"*
*Y a du casse dans ton cœur*
*Et ça t' fait même plus peur*
*T'es plus d'ici, d'ailleurs*
*T'as croisé la haine*
*Et t'en es jamais revenu*
*T'as croisé la haine*
*Juste au coin d' ta rue* ("Croiser la haine")

Par un principe de syllepse, l'adverbe "d'ailleurs" sert de relation logique à la proposition "t'es plus d'ici" mais fait entendre en même temps, par opposition sémantique à "ici", l'extranéité de ce destinataire de banlieue, haineux par fatalité sociale.

Même si le texte délivre un message et ne cherche pas la veine satirique, le jeu de mots, l'écho phonique, le calembour plongent les vers, même les plus sérieux, dans une ambiance loufoque et bizarre, drôle, à la manière de Boby Lapointe. C'est par exemple ce que cherchent à créer ces deux octosyllabes (et beaucoup d'autres dans le même titre) extraits de la chanson "Pierrot" de Loïc Lantoine (*Tout est calme*, 2006) :

*Quand je détraque et que je tique*
*Que j'suis patraque et pathétique*

La chanson "Pomme C" de Calogero et Zazie sur l'album du même nom (2007) décline une foultitude d'associations entre le vocabulaire informatique et le lexique de la passion et de la rencontre amoureuse, comme par exemple l'élégante formule "Ma déesse, elle".

Cette veine humoristique est particulièrement remarquable chez Lynda Lemay : citons au titre d'une prouesse tout à fait réussie les jeux de mots autour des mots "main" et "pied" :

*C'matin, c'est un pied dans la bouche*

*Et c'est les deux mains dans les couches*
*Que j' t'ai vu mettre le pied dehors...*
*Pendant des heures, j'ai fait l' pied d' grue*
*Avec mon cœur gros sur la main*
*Et de pied ferme j'ai attendu*
*Que tu reviennes, mais en vain*
*Ce soir, au pied de l'escalier,*
*Je n'ai vu v' nir que la brunante*
*C'est dur de monter me coucher*
*Sans te tenir la main courante*
*Cette main que tu t'es faite sur moi*
*Mets-la au cul d' qui tu voudras*
*Maintenant, ton pied, qu' tu l' prennes ou pas*
*J' m'en lave les mains*
*Même celle des deux que t' as d' mandée*
*Comme un gentleman à mon père*
*Je m'en vais me la savonner*
*Jusqu'à m' libérer l'annulaire*
("Des pieds et des mains", *Lynda Lemay Live*, 1999)

Je signalerai aussi, pour le plaisir de faire varier les parties du corps, l'exemple exemplaire du groupe des Wriggles dont les récitals sont de vrais moments théâtraux et les chansons des contes drolatiques, à la manière de leur "Amour et cul" sur l'album 2005 *Moi d'abord.*

Derrière l'humour se manifeste la volonté de solliciter à l'intérieur du langage des rencontres surprenantes et déroutantes. C'est justement ce que le mouvement rap appelle du joli nom de "phase". Le procédé et son intention créatrice y sont, comme je le disais à l'instant, si répandus que les rappeurs ont même eu besoin d'un vocable étiquette.

## Chansons fatrasiques

Cette dimension ludique se manifeste dans bon nombre de chansons énumératives qui assurent souvent le succès de leur interprète : Aldebert et son "inventaire" des baisers (*Les Paradis disponibles*, 2006), Vincent Delerm qui rend un hommage ironique à toutes "les filles de 1973" en évoquant derrière l'anaphore "celles qui..." quelques-unes de leurs particularités saugrenues (*Kensington Square*, 2004), Clarika qui anticipe les comportements stigmatisés de son éventuel partenaire ("Joker", *Joker*, 2005), Raphaël qui jauge des composantes de la société actuelle au poids de leur futilité ("Dans 150 ans", *Caravane*, 2005) et Rose qui établit dès le titre l'idée d'une mise en série dans "La liste" (*Rose*, 2006). On pourrait également citer un titre du groupe de rap Philémon "Le rap est" dont on devine par avance qu'il ouvre sur une suite de compléments / compliments... (*L'excuse*, 2007)

Pour se garantir de l'oubli, de la difficulté de mémorisation et de la dissolution du sens, la rhétorique d'un genre oral comme la chanson recourt naturellement aux répétitions, redouble les schémas syntaxiques et suit facilement une structure énumérative. Mais ces pratiques nécessaires prennent dans la chanson actuelle une dimension plus systématique qu'il convient de commenter. Or si la technique de l'accumulation facilite souvent les rimes - nous l'avons vu -, elle permet également un foisonnement d'images hétéroclites, qui, si elles ne cherchent pas toujours à faire sourire, offrent facilement la possibilité de basculer vers le comique.

Si Jacques Brel fut certainement l'interprète privilégié de ces chansons énumératives, il faut se rappeler que l'accumulation s'inscrivait chez lui dans une technique du crescendo et qu'elle n'avait rien à voir avec le joyeux fatras qui préside aujourd'hui aux textes que je citais à l'instant. C'est le goût de l'insistance et le désir d'architecturer le réel qui poussent Brel à créer de véritables séries exhaustives qui s'appuient alors sur l'énumération, figure abondante et généreuse chez le poète au point qu'elle peut envelopper l'intégralité du poème : "Il y a", "J'aimais", "L'âge idiot", "Quand on n'a que l'amour", "Les paumés du petit matin", "Fils de...", "Isabelle", "Heureux", "Pardons", "Les fenêtres", "Prière païenne", "L'ivrogne", "Dites, si c'était vrai", "Dis-moi tambour" et notamment "Seul" et "Litanies pour un retour". Cette structure en échafaudage déclenche alors rythmiquement le crescendo, marque de fabrique de plusieurs chansons célèbres du "Grand Jacques" : "Amsterdam", "La valse à mille temps", "Au suivant". Le principe fatrasique actuel n'a pas grand chose à voir avec le souffle épique que le crescendo brélien instaure automatiquement. Au lieu de faire croître la parole, il a plutôt tendance à niveler, banaliser ou en tous les cas mettre sur un pied d'égalité saugrenu les divers éléments de la suite énumérative.

On trouverait plus vraisemblablement sa source ludique dans certaines chansons des années 70 de Pierre Perret comme "Le zizi" évidemment, ou "Mon p'tit Lou". Dans cette dernière justement, l'énumération des activités consolatrices proposées par le canteur au jeune enfant triste permettait des jeux de rimes euphorisants (par exemple, Bornéo / Colombo / Léautaud / pêche de nuit au Lamparo, etc.) L'énumération est aussi présente en 1968 dans "Il est cinq heures, Paris s'éveille" de Lanzmann – Dutronc et elle confère une distance ironique et un décalage satirique indéniables sur les mœurs sociales des noctambules parisiens ; mais les parallélismes changent d'une strophe à l'autre et toute la chanson n'est pas fabriquée sur le même moule syntaxique. "Le métèque" de Georges Moustaki en 1969 propose, lui, un patron grammatical répétitif sur l'ensemble des strophes mais comme il s'agit d'un complément circonstanciel de manière "avec ma gueule... avec mes mains ...avec mes yeux ... avec ma bouche ...avec ma peau... avec mon cœur... avec mon âme... ", il met en attente la réalisation de la phrase qui aboutit effectivement à son sujet et à son verbe pour délivrer son sens plein : "je viendrai..., je serai..., nous ferons... ". Bref, jusque-là, les chansons énumératives étaient très ordonnées.

Le cas particulier des textes que je citais précédemment et auxquels il faudrait ajouter plusieurs titres que nous avons déjà pris en exemple ("Les épices du souk du Caire" de Bénabar, "Mon HLM" de Renaud, "C'est ça la France" de Marc Lavoine, "Putain ça penche" d'Alain Souchon), c'est que l'accumulation se fait sur des propositions indépendantes complètes mais brèves : chaque formule se suffirait à elle-même, chacune obtient son comptant de satire plus ou moins grinçante mais leur enchaînement désordonné et incohérent, qui supprime toute dynamique linéaire et la remplace par une dynamique circulaire, décuple les effets comiques ou cyniques. Nous rions (et nous émouvons) en les écoutant de la maladroite concaténation des images, choisies par une politique de l'absurde et de l'exagération. Ces chansons, souvent hyperboliques, nous paraissent pourtant réalistes et socialement bien senties, parce que leur mouvement incohérent et répétitif imite le désordre de la vie même et que cela leur confère en plus une humilité paradoxale et sympathique.

## Création lexicale

La critique a particulièrement étudié les translations et les néologismes abondamment utilisés par Jacques Brel. Pour autant, la sagesse et la clarté du vocabulaire employé dans les chansons à succès des années 70-85 et l'invasion de l'argot et du familier, après 1975, dans des chansons très calibrées, ces deux écrans à la fois, lui ont fait perdre de vue que le phénomène du provignement et de la création lexicale perdurait et se banalisait à l'époque contemporaine dans des textes inattendus.

C'est d'abord les néologismes ou les revivifications de mots anciens que le rap permet de populariser. On cite souvent le terme "lascar" que le mouvement rap a remis à la mode argotique et qui désignait déjà au XIX^e^ siècle, avant de tomber en désuétude, un personnage à la morale douteuse, dans le même registre de langue. Mais en se réactualisant, le terme s'est pourvu d'une connotation laudative qu'il avait bien moins autrefois. Il faudrait encore prendre en appui le terme "maille" qui désigne l'argent comme il le faisait encore à la renaissance. En témoigne l'expression "maille à partir" dans laquelle il s'était figé. Mais au-delà de ces recréations, c'est toute une frange de notre vocabulaire à laquelle le rap donne des significations et des éclairages nouveaux : phase, blason, cérémonie, haine, etc.

D'une manière plus générale, on pourrait évoquer les translations, les dérivations par préfixation ou par suffixation qui, à la manière de Brel, se sont multipliées et ne choquent plus notre oreille. L'auditeur s'y est habitué et a accepté dans la chanson française ces phénomènes qui sont pourtant de lourds marquages d'excentricité par rapport à la prose quotidienne, donc de puissants critères de poéticité, comme le terme "l'intranquillité" que Louise Attaque emploie pour un titre de son deuxième album ou le terme "dramelet" dont Bénabar titre l'une des chansons de son deuxième album (*Bénabar*, 2001). De quoi s'agit-il quand nous parlons de provignement ? En fait il s'agit de la transformation d'un substantif en un verbe conjugué, alors que la langue traditionnelle reconnaît facilement ces deux parties du discours et les cloisonne bien : ce procédé est remarquable dans un titre particulier de Barbara "Il automne" (1978). La formule "Il automne" sert de refrain à la chanson éponyme en commençant et terminant chacune des trois strophes principales. Néologisme facile à situer et à décrypter, cette verbalisation de la saison reste néanmoins assez opaque : est-ce qu'il automne parce qu'il pleut précocement, parce qu'il vente, parce que la saison est encore belle, parce que les feuilles tombent, parce que le paysage perd de sa verdeur, parce que le ciel est gris, parce que les jours raccourcissent, parce que les oiseaux migrent ? Un peu de tout cela à la fois. D'ailleurs en se plaçant en tête et en fermeture de strophe, le provignement "Il automne" construit trois strophes thématiques, chacune consacrée à l'un des aspects de la saison : l'amour, la mort, la rentrée scolaire. Cette technique, à la fois ludique et imagée, Barbara la puise très directement chez Brel qui en fut en quelque sorte le spécialiste. Dans son *Jacques Brel* de la collection "Poètes d'aujourd'hui", Jean Clouzet signale dès 1964 la tendance du poète belge à créer des néologismes par des dérivations abusives ; il y voit, outre l'effet provocateur et populiste de ces créations verbales, la volonté de décrire au plus juste ses impressions dans le temps bref imparti par la chanson :

> *Rappelons la manière ingénieuse avec laquelle il utilise le provignement pour enrichir la palette de son vocabulaire. Des mots comme "bruxeller" [...], "cimetièrer" ou "s'embigoter" sont de pittoresques raccourcis des images et des sensations que la chanson, parce qu'elle ne dure que trois minutes, n'a pas le loisir de développer.* (éd. Seghers, 1964, p. 22)

Dans les *Chansons de Jacques Brel* des éditions Hatier, Bruno Hongre ajoute quelques exemples : "Les bigotes" "processionnent", les livres des "vieux" "s'ensommeillent", "Le cheval" s'est "derrièrisé". Il y décèle également un double souci de réalisme et de concision. Mais leur liste est encore loin de la réalité brélienne. Citons derechef des exemples plus rares mais tout aussi savoureux, dont certains sont relevés par Patrick Bacon dans l'ouvrage analytique qu'il consacre à l'œuvre de Jacques Brel en 1990 :

> *Ils rougissent*
> *S'écrevissent* ("Les timides", 1964),
>
> *Devant les faiseuses de cancans*
> *Un colonel encivilé* ("Les jardins du casino", 1964),
>
> *Même si j'leur chante* 'Mi corazon'
> *Avec la voix bandonéante* ("La chanson de Jacky",1965),

*Ou bien gnougnougnaffer la femme d'André*
*Sur son balcon* ("A jeun", 1967),

*La mort potence nos dulcinées*
*De chrysanthèmes en chrysanthèmes* ("J'arrive", 1968),

*La chaleur se vertèbre*
*Il fleuve des ivresses* ("Je suis un soir d'été", 1968),

*Mourir de se dissoudre*
*De se racrapote"* ("Vieillir", 1977),

*De ces femelles qu'on gestapotte*
*Parce qu'elles ne savent pas encore*
*Que Franco est tout à fait mort* ("Knokke-le-Zoute", 1977).

Un seul emploi est commun aux deux chanteurs, Brel et Barbara. Il s'agit du verbe pronominal "s'ensommeiller" que Brel utilise en 1963 dans "Les vieux", à propos du piano, et que Barbara lui emprunte deux ans plus tard pour "Le mal de vivre" : "Mais c'est là, ça vous ensommeille / Au creux des reins". Suivant ainsi un modèle qui lui est cher, Barbara s'initie doucement à ce procédé et finit par l'intégrer totalement, même dans ses conversations hors scène, comme pour le verbe "vigiler" qu'elle construit à partir de l'adjectif "vigilent". Citons le verbe "zinziner" dans la chanson "Le zinzin" (1970). Notons également la formule de la chanson "Fatigue" (*barbara*, 1996) : "C'est la fatigue / Qui me vertige [...]" (vers 2-3) ; celle de "Femme piano" (1996) : "Il a changé mon regard / Il a diamanté ma vie" (vers 48-49). Dans "Raison d'état" (*Mogador*, 1990), Barbara verbalise un sigle : "Je S.O.S., état d'urgence". On pourrait évidemment trouver d'autres cas de translations chez des auteurs confirmés. Claude Nougaro, au milieu d'un texte saturé de métaphores *in absentia*, crée par dérivation préfixale le participe passé adjectival "emplumé" :

*Tu verras mon stylo emplumé de soleil*
*Neiger sur la papier l'archange du réveil.* ("Tu verras", 1978)

Aldebert sur l'album 2003 *Sur place ou à emporter* propose en guise de refrain à la chanson qui donne son titre à l'album un quatrain qui démarre par un impératif néologique en guise d'invitation à devenir, comme le préconise Alain Souchon, quelques années plus tôt, une "foule sentimentale" (comme le préconise encore dès 1981 Jean-Jacques Goldman dans la chanson "Sans un mot", extraite de son premier album solo) :

*Mélancolisons-nous encore*
*Car l'unique ruée vers l'or*
*C'est la vie qu'il faut consommer*
*Sur place ou à emporter.*

Dans l'album *Les Paradis disponibles* (2006), Aldebert propose encore un adjectif très original dans la chanson "Mon père ce héros" :

*S'enfuir ou s'embarquer*
*Vers les mers où naviguent,*
*Souvenirs envraqués,*
*Sonates de Ludwig.*

Dans *Gibraltar* (2006), pour la chanson "M'effacer", Abd Al Malik invente un verbe nouveau pour le mettre en antonymie avec un verbe existant :

*Et même si on m' piédestale et même si on m' piétine*
*J' refuserai que la haine devienne ma routine.*

Enfin, Renan Luce dans "24 heures une" (*Repenti*, 2006) parle de "minute baldaquine" pour désigner des rêves érotiques.

Peut-on vraiment dire que ces tournures sont populaires et typiques de l'oral, puisque justement elles cherchent à détourner les emplois ordinaires de la langue ? La plupart des verbes, en effet, furent, jadis ou naguère, dérivés d'un substantif : on soupe, on se baigne, on cuve, on bouquine, on se pacse ... L'objet se transforme naturellement en action. Mais des translations verbales issues d'adjectifs sont beaucoup plus rares, beaucoup moins spontanées de nos jours. Pourtant on les trouve assez couramment utilisées dans la Nouvelle Scène française. C'était le cas du participe "envraqué" issu de la locution adverbiale "en vrac". Dans "Bon anniversaire", premier titre du deuxième album de Bénabar (album éponyme, 2001), la fin de la chanson propose cette description sentimentale à propos du passage du chanteur dans la tranche des trentenaires :

*Ca me tragique*
*Ca me cruel*
*Mais j'y peux rien.*

Cet exemple comme certains de ceux qui précèdent semblent très audacieux et donc plus poétiques que populistes. D'ailleurs, à l'exception de certains emplois bréliens, les chanteurs, ni Barbara, ni Bénabar en tous les cas, ne cherchent spécialement à faire sourire l'auditeur par ces utilisations déviantes de la langue.

Très courante jusqu'au XIXe siècle, la translation nominale devient au XXe siècle un véritable fait poétique. Il n'est plus naturel et banal aujourd'hui de mettre un déterminant devant un verbe conjugué ou un participe passé, ni même d'ajouter un suffixe nominal que le bon usage d'autrefois aurait oublié. Bizarrement, alors que l'on sent bien l'intention créatrice ou ludique de la translation verbale, la translation nominale fait craindre pour sa réputation ; on l'entoure d'une kyrielle de guillemets pour bien montrer qu'il ne s'agit pas d'une faute involontaire, d'un barbarisme. Ces barbarismes-là ne pouvaient que tenter la Chanteuse de minuit dans son dernier album *barbara*, en 1996 :

*Il y a des rires*
*Des chuchotés*
*Et des éclats* ("Le couloir", vers 20 à 22).

*Puis revenait en fulgurance* ("John Parker Lee", vers 10).

Ces occurrences se ressemblent en ce qu'elles cherchent toutes à identifier une sensation auditive ou visuelle. Elles n'ont rien de ludique mais participent d'un souci de décrire les choses au plus près des émotions qu'elles engendrent. Barbara ne contourne pas la langue établie par pur défi ou par zèle. Elle ne travaille pas non plus dans un but seulement esthétique. Elle est en fait à la recherche d'un vocabulaire imagé. Il s'agit d'adapter le lexique à la réalité d'une expérience ou d'un souvenir, de combler ses lacunes par des néologismes élégants, autant que faire se peut.

Dans sa chanson "C'est ça la France" (*Lavoine Matic*, 1996), Marc Lavoine multiplie ces créations verbales qui fonctionnent également comme des raccourcis suggestifs et critiques :

*Ça lève le poing, ça bouge, ça manifestationne [...]*
*Ça Brassens à tout va, c'est beau les seins d'une fille [...]*
*Ça camembert, le chinois, ça frise à la bastille [...]*
*Ça avale son vichy et ça Dreyfus la joie [...]*
*Sa liberté de la presse, c'est pas qu'une impression*
*Le plus souvent ça O.S. chez Renault, chez Citron [...]*
*Ça flique quand même pas mal, ça repasse à tabac [...]*

L'exemple le plus célèbre de ces détournements syntaxiques du vocabulaire appartient au refrain de la célèbre "Foule sentimentale" d'Alain Souchon, que j'évoquais à l'instant (*C'est déjà ça*, 1993) ; refrain dans lequel des patronymes se transforment en verbes conjugués au présent de l'indicatif à valeur d'habitude :

*On nous Claudia Schiffer*
*On nous Paul-Loup Sulitzer*
*Ah le mal qu'on peut nous faire!*

Sans le cotexte, il serait bien délicat d'interpréter ces translations. En utilisant ces noms de "people" pour décrire une action que la communauté médiatique ("on") exerce sur l'auditoire, Souchon veut stigmatiser l'attitude inconsidérée et selon lui illégitime des médias qui renvoient de la société une image de consommateurs incultes et insensibles et forcent cette masse populaire à adhérer aux clichés populistes, alors que fondamentalement les individus sont "attirés par les étoiles, les voiles" et encore pétris de sentimentalité. Ces abus de langage, pourtant si complexes à analyser littéralement et à commenter littérairement, sont d'une construction très économique, d'un fonctionnement limpide et donc d'une redoutable efficacité. Souchon aboutit au mot-valise dans la formule "L'amour familistère" ("Normandie, Lusitania", *Ultra moderne solitude*, 1988). En très peu de syllabes, l'auteur se permet une démultiplication du sens, d'autant plus que l'impression de nouveauté et de bizarrerie que ces formulations dégagent attire l'oreille, retient l'attention et met l'auditeur, habitué au ronron d'une parole commune, en éveil et en quête de sens.

## Parataxe

Plus largement, on pourra parler dans les générations contemporaines d'une quête du surprenant, du coq-à-l'âne, par un goût de la parataxe et des formules raccourcies. Comme on s'aperçoit, à partir de 1950, d'une orientation dans la poésie française qui privilégie les structures nominales sur les structures verbales, on observera depuis la fin des années 70 en chanson une prévalence des substantifs dans des structures de plus en plus parataxiques ; et l'on pourra citer en exemple le maître du genre, c'est-à-dire Alain Souchon en chanson contemporaine, aussi bien dans ce titre récent qui précède ("Et si en plus il n'y a personne") que dans une chanson plus ancienne, issue de son antépénultième album :

*Alors faut qu'ça tombe*
*Les hommes ou bien les palombes*
*Les bières, les khmers rouges*
*Le moindre chevreuil qui bouge*
*Fanfare bleu blanc rage*
*Verres de rouge et vert de rage*
*L'honneur des milices*
*Tu seras un homme mon fil*
("Sous les jupes des filles", *C'est déjà ça*, 1993)

Mireille Collignon qui publie un *Alain Souchon, J'veux du léger* aux Presses Universitaires de Valenciennes (Coll. Cantologie, 2004) analyse en détail les procédés de juxtaposition chez l'auteur. Elle commente :

*l'auteur en faisant comme si la bizarrerie de la juxtaposition lui échappait, s'identifie à ses personnages dans leur fragilité et dans la candeur du regard qu'il porte sur le monde.* (p. 63)

Chez Souchon, et sûrement chez d'autres, la parataxe a autant une valeur esthétique que philosophique : elle incarne, naïveté ou cynisme, le regard désabusé du poète sur un monde qui l'étonne. Elle peut également, comme chez Gérard Manset, produire des envolées lyriques qui permettent une ouverture poétique sur l'imaginaire :

*Et quand tu t'endors*
*La lampe allumée*
*Et l'or de leur corps*
*Le drap grand ouvert*
*Cascades et rivières*
*Chevaux sur les plages*
("Et l'or de leur corps", *Prisonnier de l'inutile*, 2004)

Elle est également un jeu ou un défi, adressé à l'auditeur, de reconstruction du sens. Comme j'ai abordé précédemment la notion de manque, de brièveté, d'ellipse, je me contenterai de rappeler que la parataxe, qui élimine les liens syntaxiques et logiques entre les termes juxtaposés, participe du même effort d'économie du texte. Dire moins pour faire supposer et entendre plus. Pour rester dans l'univers de Souchon, je citerai "Belle Île en Mer" dont le refrain qui accumule des toponymes plus ou moins connus et exotiques occulte le drame que jouent les couplets, malgré (ou grâce à) leur construction parataxique :

*Moi des souvenirs d'enfance*
*En France*
*Violence*
*Manque d'indulgence*
*Par les différences que j'ai*
*Café*
*Léger*
*Au lait mélangé*
*Séparé petit enfant*
*Tout comme vous*
*Je connais ce sentiment*
*De solitude et d'isolement* (1985)

Douce élégie qui se plaint de la ségrégation et du racisme, cette chanson noie -sans jeu de mot- son sens dans les relations confuses que les mots mis à la suite entretiennent. Ainsi, le participe "séparé" vient se coller rythmiquement au groupe "petit enfant", mais en français pour qualifier un nom, l'adjectif participe passé doit forcément le suivre et non le précéder. Pourtant, associer "mélangé" et "séparé" comme deux épithètes juxtaposées semble sémantiquement impossible puisqu'ils sont antonymes. Alors si "séparé" vient qualifier l'enfant comme un attribut, la comparative "tout comme vous" peut s'y rapporter, mais elle peut aussi servir de circonstant analogique au verbe "connaître" qui la suit : Petit enfant séparé tout comme vous / Tout comme vous je connais ce sentiment. On a donc l'impression au bout du compte que les flottements grammaticaux créent un glissement sémantique qui permet à chaque mot libéré de signifier plusieurs fois. La parataxe fait collusion.

Dans le même ordre d'idées, mais pour des raisons plus lyriques que ludiques, Barbara va opter pour la création de noms composés à partir de l'album *Seule* en 1981 : "cités-trottoirs" ou "vie placard" dans les "Rêveuses de parloir", "vie chagrin" dans "La musique", "nuit brouillard" dans "La mort", "pluie cafard" dans "Bizarre", "homme-chacal" dans "Le jour se lève encore". D'autres exemples circulent dans son autobiographie *Il était un piano noir*... ("Mémoires interrompus", éd. Fayard, 1998) : "pluie-cascade" (p. 16), "médicament-poison" (p. 193), "chignon-lunettes" (p. 105). Ce dernier cas nous rapproche d'un double titre qui relève encore de ce procédé : "Femme piano lunettes" en 93 (sur l'album Live du Châtelet) repris par "Femme piano" en 96 (sur l'album studio *barbara*). Parfois, le rapprochement des deux substantifs s'apparente plutôt à l'ellipse comme "Avion retard" dans "Vol de nuit" ou au mot-valise comme "sid'amour" ou "sid'assassiné". Si les noms ne sont pas tout à fait associés pour former un nouveau signifié, Barbara se contente, comme Souchon, de les juxtaposer, au point que leurs significations propres s'entremêlent :

> *Oh, que j'aime tes soirs de mélancolie,*
> *Mélancolie*
> *Jardin*
> *A ciel ouvert*
> *Jardin* ("Précy jardin", 1978, vers 4-8)

Dans le flou syntaxique, les mots se lisent en même temps, leur sens se délite et ils se lient d'eux-mêmes :

> *Avion géant*
> *Sur l'océan*
> *Beauté* ("Vol de nuit", *Mogador*, 1990, vers 51-53),

*Il me revient des images*
*Ce village*
*Ton visage*
*Toi*
*Seul sur cette route*
*Comme une armée en déroute*
*Et les pas* ("Il me revient", fin du poème, *barbara*, 1996),

*Il y a comme ça dans la vie*
*Poussière de soie*
*Brillant d'étoiles*
*Papillon de nuit*
*De merveilleux passagers* ("John Parker Lee", *barbara*, 1996).

Dans ces enchaînements d'images, la suppression des verbes joue le rôle de ciment. Ce dépouillement cherche à la fois à isoler et nuancer les sentiments ou les impressions. Il cherche aussi à créer une espèce d'interactivité entre la description, les sensations et les émotions qu'elles entraînent :

*Dans le brouillard / Il fait bizarre / Trottoirs-miroirs /*
*Hagard cafard / Blafard départ / Trop tard [...]*
(Fin de la chanson "Bizarre", *Lily passion*, 1986)

Le style relâché, jusque-là tolérance de la tradition chansonnière, passe dans les revendications esthétiques de la nouvelle tendance.

**Déconstruction syntaxique**

Donc, ce travail de suggestion et d'ambiguïsation par l'économie, principe fondateur de la poésie moderne, se trouve accentué ces dernières années dans la chanson. Elle se permet, elle aussi, d'aller jusqu'à la limite d'une langue grammaticale, comme si elle refusait la normalité de cette langue. Les ellipses, les raccourcis et les inversions que systématisait Souchon sont dépassés au profit de solécismes conscients. Mickey 3d joue ici sur les marges des combinaisons compatibles d'un verbe pronominal transitif :

*Tu vois, tu vois, moi, si j'étais toi*
*Je me montrerais du doigt*

*Et je me foutrais de moi*
("Si j'étais toi", *Tu vas pas mourir de rire*, 2003)

Louise Attaque propose dans un style très parlé un double détachement :

*Au plafond de ma chambre, j'ai peint des étoiles,*
*Le ciel, la pièce, ça l'agrandit.*

Au couplet suivant, ce procédé de dislocation de la phrase est repris, créant par récurrence l'effet poétique et en même temps une belle philosophie du contentement naïf :

*Au plafond de ma chambre, j'ai peint un sous-marin,*
*La mer, le ciel, ça l'agrandit.*("A plus tard crocodile", 2005)

Dans le dernier album de Bénabar, *Reprise des négociations* (2005), c'est l'ensemble du texte qui est grêlé par une discordance des temps, savamment orchestrée et censée mimer le chaos des souvenirs :

*J'ai répondu "présent",*
*quand questionne la maîtresse,*
*j'en ai eu du chagrin*
*et les larmes je les sèche.*

*J'apprenais bien après*
*la concordance des temps,*
*il est déjà trop tard*
*parce que je serai grand.*

*Quand j'étais écolier*
*je serai lycéen,*
*mais pour l'instant*
*c'était encore loin.*

*Dans l'école de musique,*
*celle de mon quartier,*
*j'étudie le solfège*
*et j'avais un cahier.*

Renaud, dans sa parodie de chanson de marin, "Dès que le vent soufflera" (*Morgane de toi*, 1982), avait à des fins plus humoristiques créé le même désordre dans les désinences verbales : "Dès que le vent soufflera / Je repartira / Dès que les vents souffleront / Nous nous en allerons."

La chanson française a donc le goût de la formule et on comprend mieux à la lumière de tous ces procédés répertoriés les propos de Charles Aznavour qui met la musique du côté de la mode anglo-saxonne alors que, d'après lui, l'élaboration du texte serait un art typiquement français. Le parcours de Jean-Jacques Goldman est à ce titre-là tout à fait exemplaire puisque du statut de musicien et de chanteur populaire pour adolescent au début des années 80, décrié par la critique, il passera progressivement, au fil des albums (*Positif*, 1984, *Non homologué*, 1985, *Entre gris clair et gris foncé*, 1987, *Fredericks-Goldman-Jones*, 1990, *Rouge*, 1993, *En passant*, 1997, *Chansons pour les pieds*, 2001), à l'image d'un artiste exigeant et engagé. Et de fait, le mouvement évolutif dont témoignent ses chansons repose principalement sur un travail de recherche au niveau textuel. D'abord la variation des couplets élimine en vingt ans d'exercice les effets faciles et attendus ; ensuite la construction grammaticale des phrases et leur enchaînement tendent à se complexifier et à s'épurer, laissant la place à une parole à la fois plus directe et plus allusive qui implique davantage l'attention de l'auditeur et crée avec lui une relation plus intime ; enfin, le style, qui reste simple, s'anoblit poétiquement ; comme le prouve l'exemple de ce texte puissant qui analyse les enjeux de la déclaration d'amour, sa valeur prospective, sa tentative d'engagement et qui suggère les différences de traitement de ces aveux dans le couple :

*Il y a des ombres dans "je t'aime"*
*Pas que de l'amour, pas que ça*
*Des traces de temps qui traînent*
*Y a du contrat dans ces mots-là*

*Tu dis l'amour a son langage*
*Et moi les mots ne servent à rien*
*S'il te faut des phrases en otage*
*Comme un sceau sur un parchemin*

*Alors sache que je*
*Sache le*
*Sache que je*

*Il y a mourir dans "je t'aime"*
*Il y a je ne vois plus que toi*
*Mourir au monde, à ses poèmes*
*Ne plus lire que ses rimes à soi*

*Un malhonnête stratagème*
*Ces trois mots là n'affirment pas*
*Il y a une question dans "je t'aime"*
*Qui demande "et m'aimes-tu, toi ?"*
("Sache que je", *En passant,* 1997)

Les procédés qui enrichissent le style sont nombreux : les allitérations en [t] du troisième vers, les comparaisons et métaphores des vers 7 et 8, le paradoxe entre l'assertion et l'interrogation, entre la simplicité des "trois mots" et la riche et dévalorisante apposition "malhonnête stratagème" que le dernier quatrain leur attribue... Mais il me semble que la beauté de ce poème, ce sont les constructions grammaticales inattendues et la structure ténue des strophes qui la lui confère : recours au présentatif "il y a" associé avec l'utilisation fréquente de l'infinitif impersonnel qui ne distribue plus les pronoms, insertion d'une parole rapportée dont on ne sait pas bien si elle est effective ou simplement emblématique des intentions du couple, substitution symbolique du pronom complément "le" dans la formule du refrain titre "sache que je..." qui met en attente un aveu jamais vraiment verbalisé et préfèrera se confirmer en un ironique (?) "sache-le".

Les paroles de nos chansons créent une intimité durable avec leurs auditeurs. D'ailleurs, il est fréquent que la publicité vienne profiter de ces accointances pour forger des slogans à partir de morceaux de texte qui se sont figés dans nos mémoires. C'est le cas avec la chanson à succès de Caroline Loeb "C'est la ouate" qu'une société d'assurances détourne : la fameuse relance "de toutes les matières" devient "de toutes les manières" et la marque n'a plus qu'à s'afficher. Et de fait, j'y reviendrai, comme la chanson actuelle qui se nourrit populairement des arts cinématographiques, publicitaires et télévisuels, ceux-là le lui rendent bien en s'en inspirant. Jacques Audiard pour le titre de son film *De battre mon cœur s'est arrêté* est allé chercher un vers de "La fille du père noël" de Jacques Dutronc. Bernard Jeanjean appelle son premier film *J'me sens pas belle* en s'inspirant peut-être d'un succès de Marc Lavoine et Catherine Ringer, en duo, dans les années 80 et la liste des autres interférences textuelles entre cinéma et chanson serait interminable...

**Minimisation du scénario**

Il serait d'ailleurs malséant de clore ce chapitre de la langue particulière adoptée par la chanson française sans noter l'influence des Rita Mitsouko (donc de Catherine Ringer) pour donner voix au chapitre à partir de 1985 à des textes absolument plus scénarisés, où derrière des bribes de paroles alléchantes l'interprète laisse une grande place au cri et aux bruits et le parolier à la simple répétition. La précocité du groupe sera peut-être le facteur de son échec commercial imprévisible les années suivantes, alors que d'autres groupes s'approprieront sa technique comme Les Négresses Vertes ou La Mano Négra, c'est-à-dire les représentants du mouvement français du rock alternatif. Si l'on pense à raison que ce courant a minimisé l'importance des paroles sur la musique, voire instauré un décalage volontaire des paroles par rapport à la surcharge mélodique (de fait "Marcia baila" rend hommage avec un pathétique consumé à la danseuse et amie de Catherine Ringer, Marcia Moretto, et "Le petit train" évoque sur des airs enjoués presque cyniques les trains de déportation, que connut le propre père de la chanteuse), si l'on n'a donc pas tort de penser qu'entre 85 et 95, les recherches musicales et les innovations techniques reléguèrent au second plan la poésie des textes dans toute une partie de la production française, il serait hâtif de croire que cette mode n'a pas laissé des traces : elle a en effet dynamisé une symbiose plus étroite entre la voix particulière du chanteur et la musique qu'il choisit, elle a rappelé à tous que la chanson était un genre oral lié à un spectacle vivant, elle a surtout familiarisé les créateurs qui ont suivi et insidieusement le public à des paroles farfelues, pour lesquelles la signification d'ensemble a moins d'importance que les riches parcelles qui surnagent :

> *Marcia, elle danse / Sur du satin, de la rayonne / Du polystyrène expansé / A ses pieds /*

*Marcia danse avec des jambes / Aiguisées comme des couperets / Deux flèches qui donnent des idées / Des sensations /*
*Marcia, elle est maigre / Belle en scène, belle comme à la ville /*
*La voir danser me transforme / En excité.*
("Marcia Baila", *The no comprendo*, 1986)

Comme pour beaucoup de nos chansons enfantines, de nos comptines qui n'ont, si on les prend au pied de la lettre, ni queue ni tête, un grand nombre de textes de la production contemporaine ne cherchent visiblement pas à être raisonnés par l'auditeur. A l'instar également de la poésie surréaliste, il s'agit plutôt de les percevoir comme un ensemble homogène dont le sens précis échappe à l'auditeur comme au créateur, tout en délivrant néanmoins une sorte de message, sinon subconscient ou subliminal du moins lancinant et obsédant :

*Nous goûtons [la chanson] moins par le texte que par la musique et le rythme [...]; non seulement nous tolérons parfaitement l'illogisme, mais nous raffolons à travers la chanson de l'absurdité "sans queue ni tête" d'une histoire ou d'un thème ou des répétitions apparemment obtuses du rythme et du refrain.* (Daniel Bougnoux, "On ne connaît pas la chanson", *Esprit,* Juillet 99, n° 254, p. 74)

Cette absence de scénario fonde toute une partie de la production contemporaine de Dominique A à Pauline Croze, en passant par Louise Attaque, créateurs dont les paroles très littéraires et pour le coup très peu parataxiques font appel à une attention soutenue de l'auditeur pour essayer de déterminer les conditions spatio-temporelles qui pourraient donner du réalisme à l'intrigue mise en place :

*Une chaise renversée / et mes jambes qui s'égarent,*
*Ton visage s'est inversé / sous le plafond de ce bar*
*Une vie trop bien rangée / apprivoise chaque soir,*
*L'imminence redoutée / d'une chute obligatoire.*
(Premier couplet, "Mal assis", Pauline Croze, *Pauline Croze*, 2005)

La rime interne en [e] justifierait plutôt une structure de la strophe en huitain d'heptasyllabes, vers impair rare en chanson dans tout le XX$^{e}$

siècle mais de plus en plus répandu, comme je l'ai dit précédemment. La richesse lexicale et le soin apporté au placement des adjectifs qualificatifs longs donnent une grande amplitude et une belle complexité au contexte de l'intrigue. Faut-il transposer la situation et voir derrière le présent d'énonciation une vérité générale ? C'est toute la tension qu'instaurent les textes très fournis de certains auteurs contemporains. Si le temps compté de la chanson y est toujours perceptible grâce aux refrains et autres stratagèmes artificieux de la chanson, le temps linéaire et réel ne s'y inscrit plus pour dégager une intrigue ou une diégèse.

*J'ai sans doute voulu dire*
*qu'il est dur de s'embrasser*
*de profil enlacés*
*c'est tout simple de face la tête en biais*
*regarde-les on pourrait les imiter.*
("Sans filet", Louise Attaque, *Comme on a dit*, 2000)

Cette suite de vers semble découper trois phrases qui sont certainement les plus simples à comprendre parmi tous ceux que la chanson compte. Mais d'abord l'absence de majuscule en début de vers, l'incertitude rimique et l'imperfection du compte métrique minimisent le sérieux de notre présentation. Ensuite, la succession des circonstants de manière, tantôt adjectif "enlacés", tantôt groupes nominaux prépositionnels "de profil", "de face", tantôt proposition elliptique "la tête en biais", nourrissent la confusion. Enfin et surtout, c'est le cadre discursif et démonstratif du dernier vers à valeur de refrain qui trouble la compréhension. S'agit-il vraiment de regarder un couple qui s'embrasse ou la monstration n'est-elle qu'imaginaire ? Et quelle valeur accorder à la modalité épistémique du premier vers ? Derrière "sans doute", le canteur cherche-t-il à donner du doute ou de l'assurance à sa partenaire ? Il reste donc dans ce genre de textes puissamment obscurcis une bribe de scénario mais il est finalement démenti par des évocations généralisantes et certainement symboliques.

Si la chanson réaliste raconte encore une histoire, elle se déroule implicitement. Sa chronologie réclame l'intuition de l'auditeur et il n'y a pas vraiment les indices spatio-temporels du récit qui permettent de la suivre à travers des épisodes circonstanciés. Ainsi dans "Quatre murs et un toit" de Bénabar (*Reprise des négociations*, 2005), les années progressent d'une strophe à l'autre à travers les aménagements d'une maison familiale, "modeste terre promise", pendant deux générations (terrain vague, pavillon, plâtre, enduit, ampoules, salon, étage, chambre de plus, grenier, cabane du jardin, garage, frigo, deuxième salle de bain, bureau, stores électriques, machine à laver). C'est le même principe d'un découpage en saynètes qui préside par exemple dans la chanson "Bon anniversaire" (*Bénabar*, 2001). Le texte nous informe dans la première strophe qu'il s'agit d'un "week-end en Bretagne" et le stylo caméra va se déplacer d'un lieu à l'autre en laissant le soin à l'auditeur d'imaginer les scènes et l'histoire qui s'y déroulent : "A 5 dans la cuisine", "Les filles sont dans l' salon", "Les jolies chambr's d'amis", "C'est parti pour la balade sur la plage", "On entame l'éternel foot tout bidon", "J' marche face à l'océan".

Une autre possibilité de minimisation scénaristique est le choix des chansons récits en temps réel, qui se bornent à une description prise sur le vif. Le modèle du genre pour Bénabar serait l'exceptionnelle chanson "Vélo" (*Bénabar*, 2001) :

*Dans le parc des Buttes Chaumont un cycliste de 5 ans*
*S'apprête à vivre un grand événement*
*Encouragé par son père et par sa maman*
*Il va faire du vélo comme les grands*

Et toute l'intrigue de Bénabar consistera à décrire les agacements du jeune sportif devant ses tentatives ratées :

*Les jambes à l'horizontale, le guidon tremble, il vibre*
*Il sautille sur la selle mais garde l'équilibre*
*Il veut faire coucou d' la main*
*Et se vautre un peu plus loin*

Somme toute, entre les chansons sans queue ni tête, les chansons fatrasiques, les chansons intemporelles, les chansons discursives et polyphoniques dont nous allons prochainement parler, les chansons implicites, récits par saynètes, et les chansons descriptives, il n'y a plus guère que le mouvement rap, qui, par la place large qu'il offre au texte, peut encore se permettre de fabriquer du récit *stricto sensu.* Je citerai une chanson du groupe IAM qui paraît assez exemplaire, en tant qu'exception qui confirme la règle, puisqu'elle construit toute une intrigue au moyen de l'archaïque passé simple, ce qui n'a plus guère cours d'ordinaire :

*Pendant qu'il vendait une patrouille l'embarqua*
*Il ne revit sa ville qu'à travers les barreaux*
*Et mourut seul avec la dernière dose d'héro*
(IAM, "Le sachet blanc", *Ombre et lumière*, 2005)

Et tout ceci implique que la chanson actuelle, si elle cherche à être simple, spontanée et naturelle, n'en est pas pour autant simpliste. Avec les multiples jeux qu'elle convoque, sa parole débridée et ses allusions incessantes, elle réclame au contraire face à elle un joueur chevronné ; en tous les cas bien plus perspicace et averti que si elle se contentait de lui offrir des histoires ficelées et linéaires au moyen d'un langage et d'une structure normalisés.

## *2. Assumer la communication orale*

De fait, en refusant le récit traditionnel ou en le renouvelant à la manière de Vincent Delerm et de Bénabar, la chanson assume en quelque sorte toutes les caractéristiques de son oralité. Comme le poème moderne prend la page, sur laquelle il s'écrit et se déroule, au sérieux, le chanteur prend en compte son support orateur / auditeur. Une chanson est mimétique d'une conversation en train de se dérouler. Bénabar parle même de "négociations". Car sous la valeur ludique, surprenante et sociétale du titre de son quatrième album (2005), il s'agit bien pour le chanteur de marquer son nouvel opus comme un retour à la conversation et à l'interaction avec les auditeurs, juges et complices.

Un cas m'a toujours paru frappant et audacieux, il s'agit du titre "Orly" de Jacques Brel : "Tout à l'heure, c'était lui lorsque je disais " il "". Le poète vient, dans le deuxième couplet, rectifier une méprise de l'auditeur au premier couplet. Semblant s'apercevoir que sa première information était incomplète, qu'elle suggérait, sans l'accès à l'orthographe du pronom, que ses deux personnages versaient des larmes, le canteur voyeur précise que "maintenant", "ils pleurent tous les deux" et s'autorise un emploi autonyme et métalinguistique du pronom "il" pour surdéterminer la première occurrence. Cet effet de sincérité, de témoignage authentique, de prise sur le vif qui accroît l'émotion de l'auditeur, dénonce en même temps le contrat énonciatif de la chanson. Cette prise de conscience que la chanson reste un discours verbal va permettre une prolifération des changements d'énonciation ou plutôt des enchâssements énonciatifs.

**Polyphonie**

Alors que la chanson traditionnelle donnait toujours à comprendre les discours rapportés par un changement de strophe (et donc un changement de rythme musical) ou un verbe insertif, la chanson moderne va sentir que l'auditeur est prêt pour rétablir les différentes sources de la polyphonie. Ainsi, Alain Souchon place dans "Sous les jupes des filles" que nous avons préalablement cité un ultime vers ironique qu'il emprunte incongrûment, créant un effet de surprise, aux pères machistes : "Tu seras un homme mon fils". Aldebert propose dans un de ces quatrains habituels une succession de deux vers qui appartient au cadre narratif alors que le distique suivant est à identifier comme la parole rapportée des deux familles précitées :

*Les deux familles qui se jalousent*
*L'élégance de leur descendance*
*Et lui, bon sang qu'est-ce qu'elle lui trouve*
*Et elle, paraîtrait qu'elle a un amant*
("Un mariage t' reggae", *Plateau Télé*, 2000)

La distinction est alors très nette entre le style élevé du narrateur dans les deux premiers vers (longueur et complexité de la phrase, lexique soutenu) et la familiarité des discours collectifs et méprisants des convives (juron, tournure ordinaire de la question exclamative, ellipse du sujet, conditionnel oral qui double le sens du verbe "paraître"). Gaétan Roussel place le dispositif du changement d'énonciation au cœur même de sa construction dans "La brune" (*Louise Attaque*, 1997) :

*Hier soir, j'ai flashé sur la brune*
*Hier soir j'ai navigué dans la brume*
*On est allés sur les quais s'enlacer*
*C' matin, c'est Donne-toi la peine de m' regarder*
*Fais donc l'effort de te retourner*
*J'ai tant de peine à t' regarder*

*Mais m'éloigner de vous je voudrais*

*Hier soir j'ai décroché la lune*
*Hier soir j'ai gravi cent une dunes*
*J'ai même poussé jusqu'à l'odeur*
*D'un homme qui te revient en sueur*
*C' matin, c'est Ote donc la tête de l'oreiller*
*Fais donc chauffer le jus, s'il te plaît*
*Regarde l' café t'as fait déborder*
*Mais m'éloigner de vous je voudrais*

Dans chaque strophe, une répartition s'installe entre des vers qui présentent au passé composé les actions de la veille et les propose, fictivement (?) en discours au partenaire de nuit, sûrement "la brune" du titre et de la première phrase, et des vers qui remplacent les actions du "matin" au présent par de possibles phrases au discours direct : possibles car il n'est pas certain qu'elles aient toutes été prononcées aussi directement dès le lendemain de la rencontre amoureuse. Et c'est encore tout le bénéfice de cette juxtaposition / imbrication libre des discours : est-ce seulement des paroles masculines ou émanent-elles aussi de l'autre partenaire, animal triste ? Où s'arrêtent leur verbalisation ? Et que penser du dernier vers épiphorique qui passe soudainement à un voussoiement très distant, preuve apparente qu'il s'agit là d'une pensée rapportée ? Bref, le discours direct libre permet des hésitations, des glissements, des imbrications très riches sur le plan de l'ambiguïté psychologique.

Bénabar utilise beaucoup cette souplesse dans son troisième album *Les Risques du métier* (2003, "Monospace", "L'itinéraire") mais aussi dès le précédent (et deuxième), en 2001, dans la chanson "Bon anniversaire", qui fait entendre les voix lors des préparatifs, alors que l'histoire est médiatisée par un narrateur interne dont les pensées et les explications sont aussi offertes :

*A 5 dans la cuisine*
*Face à l'évier face à la mer*
*Week-end en Bretagne*
*C'est mon anniversaire*
*Où sont les assiettes ? Où sont les couverts ?*
*Elles sent'nt pas un peu bizarr' les praires ?*

Ou dans le quatrième (*Reprise des négociations*, 2005). Voici les deux premières strophes de la chanson "Quatre murs et un toit" :

*Un terrain vague*
*De vagues clôtures*
*Un couple divague*
*Sur la maison future.*

*On s'endette pour trente ans*
*C' pavillon s' ra le nôtre*
*Et celui d' nos enfants*
*Corrige la femme enceinte.*

Le premier quatrain énonce un discours narrativisé, les divagations du couple d'acheteurs. Ce sont ces prospections que le chanteur nous fait entendre dans le quatrain suivant. Le pronom indéfini "on" semble alors renvoyer au pronom personnel "nous" et pourrait émaner de l'un ou l'autre des époux. Pourtant, la suite va préciser la répartition de la parole, puisqu'une proposition incise ("corrige la femme enceinte") intervient au vers 8 pour isoler la rectification que ce personnage apporte au vers 7. L'auditeur reconstruit alors le vers 5 (et peut-être 6) comme celui du mari. C'est lui qui émet la remarque financière, alors que l'épouse enceinte, sereine, dispendieuse, mais décisive, échafaude une construction familiale, ce qui est socialement bien vu.

Et la chanson va progresser dans la même liberté de croisement des voix. Au milieu du récit qui avance par saynètes chronologiques, on entend une bribe de conversation de l'un des parents, déjà âgé, lorsqu'il commente son investissement dans des huisseries en plastique :

*Ils habitent à Paris / des apparts sans espace,*
*Alors qu'ici / il y'a trop de place.*
*On va poser tu sais / des stores électriques,*
*C'est un peu laid c'est vrai, / mais c'est plus pratique.*
*La maison somnole / comme un chat fatigué,*
*Dans son ventre ronronne / la machine à laver.*

A qui dit-il "Tu sais", cette parole en l'air qui relève de la fonction phatique du langage et ne cherche au milieu de l'information donnée qu'à retenir l'attention de l'interlocuteur et à attirer sa sympathie ?

Impossible de le savoir. Seules sont pertinentes la valeur chronologique que cette transformation de la maison suppose et également la suggestion psychologique qu'elle incarne, c'est-à-dire l'état d'esprit qu'elle confère aux personnages qui l'ont décidée (le couple est solidaire dans un "on" de propriétaires responsables) et qui en informent un éventuel visiteur : souci de confort, relégation de la valeur esthétique, concession qui cherche l'excuse en devançant les critiques. Cette décision d'aménagement rendue sous la forme dialoguée fait incroyablement mieux sentir le vieillissement des personnages et l'évolution temporelle qui a eu lieu depuis le début de la chanson : ces vieux parents fatigués par des volets à repeindre trop régulièrement sont touchants et terriblement humains. Bénabar confirme cet engourdissement de l'âge par la métonymie (la maison pour ses habitants) et la métaphore filée du chat somnolant.

Un peu plus loin dans la chanson, le récit s'évanouira devant la réclame d'un agent immobilier, laissant comprendre à l'auditoire que ces habitants sont décédés :

*Cet' maison est en vente / comme vous le savez,*
*Je suis, je me présente, / agent immobilier.*

A nouveau, à la fin de la chanson, ce discours du commercial cèdera sa place (ou l'agent immobilier récitera lui-même, peu importe) à des intrusions de discours direct pour faire entendre, comme un lointain écho, des formules traditionnelles de la vie de famille :

*"Finis tes devoirs", / "il est trop lourd mon cartable",*
*"Laisse tranquille ton frère", / "les enfants : à table !".*

*Écoutez la musique, / est-ce que vous l'entendez ? (bis)*

Ces brèches discursives fonctionnent comme des espèces de dérapages, dans lesquels l'auditeur est dirigé en perdant totalement le contrôle de la distribution de la parole. Il subit, sous le charme, cette invasion inopinée d'une conversation, prise sur le fait, rapportée en grande liberté au discours direct et qui fonctionnent comme des moments d'authenticité et d'émotion. Dans l'album *Menteur* (2005) de Bruno Cali, une chanson douce retrace une liaison dénaturée entre un garçon, le canteur, et une vieille dame de 82 ans, appelée "Roberta" dont il parle à la troisième personne. Pourtant au milieu des quatrains du poème, le locuteur cède la parole, sans prévenir l'auditeur, à cette majestueuse vieille dame indigne et tout en maintenant les rimes il abandonne pour un temps le schéma rythmique :

*Dans les allées du cimetière*
*Où nous promenons sa mémoire*
*Au fil des noms sur les pierres*
*Elle comme il était cocu son mari*
*Et lui lui quel salopard*

Quand la chanson n'a pas recours à cette parole directe qui vient percer le texte narratif, elle utilise soit la forme plus traditionnelle du discours direct : Cali dans "Elle m'a dit" (*L'Amour parfait*, 2004) semble vouloir reproduire l'intégralité des aveux que sa partenaire a proférés ; soit la forme non moins traditionnelle du discours indirect libre dans laquelle les mots des personnages sont repris et imités par le canteur : d'abord par un souci de fidélité et de vérité que l'on satisfait en rendant compte de sa présence par ces intonations et ces inflexions. Ainsi dans "Déjeuner en paix" de Stephan Eicher et Philippe Djian (*Engelberg*, 1991), au milieu des phrases de récit ("J'abandonne sur une chaise / Le journal du matin") et des phrases de discours direct ("L'homme est un animal / Me dit-elle"), on trouve ce refrain intégré épiphorique :

*Plus rien ne la surprend*
*Sur la nature humaine*
*C'est pourquoi elle voudrait*
*Enfin si je le permets*
*Déjeuner en paix*

Comme dans le roman, le discours indirect libre a l'avantage de pouvoir passer inaperçu et de laisser l'énonciation dans une certaine ambiguïté. Pourtant, avec un peu de recul, il semble clair que l'insistance narquoise du 4e vers imite ou reprend les réprimandes de la jeune femme, saturée de mauvaises nouvelles, et qui use à l'égard de son compagnon, le canteur, d'une politesse feinte, implicitement injonction impatiente de la laisser tranquille.

Ensuite, et c'est encore plus souvent le cas, le discours indirect libre peut être employé à des fins humoristiques et ironiques. Ainsi, cette acerbe remarque de Jeanne Cherhal : "Il t'aime, il t'aime, il t'aime / Mais là il ne peut pas rester" ("Un couple normal", *12 fois par an*, 2004).

## Poème conversation

Forme littéraire articulée, les textes de chanson lèvent, comme c'est le cas ici chez Cali, Bénabar ou Jeanne Cherhal, par l'élocution de l'interprète, les éventuelles incompréhensions de l'auditeur. Le même Bénabar dans "Je suis de celles" (ou dans "Dis-lui oui", 2003) crée un véritable poème conversation en ne maintenant que les paroles de l'interlocutrice et en laissant supposer à l'auditeur les interventions masculines intercalées :

*Tiens, qu'est-ce que tu fais là ?*
*C'est moi, c'est Nathalie*
*Quoi tu m'reconnais pas*
*Mais si*

*On était ensemble au lycée*
*C'est vrai, j'ai changé*
*J'ai des enfants, un mari*
*Bah quoi, t'as l'air surpris* (*Les Risques du métier*, 2003)

La prouesse est d'ailleurs d'autant plus impressionnante que Bénabar joue ici le rôle féminin et cette situation assez exceptionnelle se reproduit bizarrement dans plusieurs chansons contemporaines comme "Menteur" de Cali (*Menteur*, 2005), "Le plus beau du quartier" de Carla Bruni (*Quelqu'un m'a dit*, 2002) ou, dans une moindre mesure, "Je suis un homme" de Zazie (*Totem*, 2007). Ces renversements sexuels pourraient bien servir d'arguments à une analyse sociologique, que je ne suis pas compétent pour mener. Ils me semblent *a priori* que du côté de la chanson ils accentuent le travail d'androgynie auquel les voix des chanteurs récents avaient commencé de nous habituer ; Joëlle Deniot parle d'ailleurs à propos de la Nouvelle Scène française de "désexuation de l'inflexion vocale" (site "www.chanson-realiste.com", article "Aventure et identité"). Ainsi la chanson à succès et derrière elle la chanson à textes deviennent de moins en moins un exercice masculin et le nombre et la variété des timbres féminins que les médias nous laissent entendre favorisent une féminisation de la profession : une parité qui s'est obtenue sans quotas.

Du coup, la mixité des voix permet peut-être d'écouter la parole d'un canteur avec une voix féminine et celle d'une cantrice prononcée par un homme. En tous les cas, ces textes opèrent une dissociation sexuelle entre la voix qui énonce le texte et le personnage censé l'assumer ; ce qui en soi fait bien de l'ensemble du tissu textuel une parole unique et homogène dans laquelle quelqu'un s'adresse à quelqu'un d'autre, une sorte de discours fictif continu.

Le cas très spécial de Diam's pourrait donner une limite extrême à ces chansons vérités en proposant une sorte de bande-son d'une scène qui se déroulerait en temps réel. Dans le célèbre "Confession nocturne", tout concourt, derrière la puissance lyrique, à recréer l'impression de réalité urbaine et de réalisme social : les bruits de la ville, les pleurs et les respirations, les scories du discours avec des phrases parasites, des dialogues enchaînés qui se heurtent et se disloquent. On citera un extrait où quatre personnages se disputent :

La fille trahie, Vitaa :
*Je sais pas si j'assume de le voir avec elle*
La copine Mélanie (voix de Diam's) :
*Vas-y, tape*
L'homme :
*Ouais deux secondes, j'arrive*
La fille trahie :
*Mais qu'est-ce tu fous là ?*
*J'te croyais chez ton père*
*Mais tu t' fous d' moi*
*J'ai toujours été droite*
*Et j' l'ai fait pour toi*
*J'avais confiance en toi*
*J' pouvais crever pour toi*
*Et toi t' oses baiser cette chienne*
L'homme :
*Mais calme-toi, chérie, mais calme-toi*
La maîtresse :
*Mais qu'est-ce qu'il s' passe, bébé ?*
*Mais qui c'est elle*

La copine Mélanie (voix de Diam's) :
*Mais ferme ta gueule, toi*
*Et si tu veux parler*
*S'il t' plaît, rhabille-toi*
*Franchement, t' as pas d'honneur*
*T' as pas honte de toi*
*Prends ton string et casse-toi*
*Les filles comme toi n' méritent pas*
*Plus qu'un p' tit bout de trottoir*
L'homme :
*Mélanie, arrête !*
La copine Mélanie (voix de Diam's) :
*Mais ferme ta gueule, toi aussi*
*Regarde-toi, t' es en calcif.*
("Confession nocturne", *Dans ma bulle*, 2006)

L'art polyphonique de cet extrait est notamment qu'il mélange également différents types d'élocution : des phrases parlées (ou jouées), des répliques énoncées avec le phrasé haché du rap et d'autres, appartenant au refrain, qui sont chantées avec une voix traditionnelle en continuité, celle de Vitaa.

Signalons surtout que ce goût de l'ellipse, du vulgaire, du coq à l'âne, de l'immédiateté, du discours direct, ne se retrouve pas que dans les chansons engagées ou les chansons de la réalité quotidienne. D'ailleurs il faudrait analyser ce phénomène qui a tendance à servir de critique aux détracteurs de la chanson actuelle. La transformation du quotidien en événementiel à teneur plus ou moins poétique n'est pas vraiment une norme de la chanson à textes des années 2000 même si elle fait en partie la matière première de chanteurs comme Vincent Delerm ou Aldebert (ce qui serait aussi à contester). Certes l'investissement du lyrisme par la chanson de variété, alors qu'autrefois le folklore était plutôt réaliste et social, oblige beaucoup de chanteurs à se démarquer vers le réalisme ou vers un apparent prosaïsme, qui deviennent par là même des marqueurs puissants de poéticité (Delerm, Bénabar, Juliette, Sansévérino, Aldebert, Renan Luce). Pourtant, l'extrême contemporain de la chanson française laisse la place à une vague lyrique, nouvelle sauce, peut-être inspirée en partie de Francis Cabrel : Miossec, Arthur H, Carla Bruni, Florent

Marchet, Cali. Chez ce dernier, la métaphore réapparaît presque à outrance dans une chanson comme "Je sais" sur l'album *Menteur* (2005) et l'amour, au fil de ses deux albums, est l'objet de nombreuses formules personnifiantes :

*Notre amour a les lacets défaits* ("La lettre", 2005)
*Notre amour fatigué s'est allongé lui-même dans le corbillard*
("J'ai besoin d'amour", 2004)

Quelques groupes de rock comme Dionysos ou Louise Attaque investissent aussi ce filon lyrique et ultra poétique (au sens traditionnel et surréaliste du terme) plutôt que de "donner dans le social" comme Trust en son temps ou comme les groupes de rap. Le magazine *Chorus* ne se trompait pas, deux mois après la sortie du désormais légendaire premier album de Louise Attaque (*Louise Attaque*, 1997), en dégageant chez eux des "affinités avec Miossec" (Olivier Bailly, n° 22, p. 161).

De même, on ne saurait dénier que le rap, malgré les postures sociales qu'il affiche, déploie parallèlement un lyrisme très poétique et il n'est qu'à citer un alexandrin d'Abd Al Malik (*Gibraltar*, 2006) pour l'illustrer :

*Je me bless' tout l' temps avec le tranchant d' l'orgueil* ("La gravité").

Enfin, cette vague lyrique de la chanson à textes, à laquelle il serait bien difficile de faire des contours bornés et qui emprunte quasiment toutes les manières stylistiques de la mode des chansons néoréalistes, peut finalement se fondre et se confondre avec la chanson française de grande diffusion, comme en son temps Barbara était tenue pour une chanteuse de variété. D'autant plus lorsque des paroliers inspirés comme Benjamin Biolay se mettent au service d'une gagnante de la *Star Académy 3* comme Elodie Frégé. Sur l'album *Le Jeu des 7 erreurs* (2006), on s'appuiera sur la chanson "La ceinture", dont voici un long extrait :

*Non pas sur la bouche*
*Même si c'est louche*
*Puisque ma langue*
*A le goût de ta vertu*
*De ton honneur perdu*

*Non pas sur les lèvres*
*Même si j'en rêve*
*Même si je tremble*
*Et bien que mon cœur soit nu*
*Mon âme est revêtue*

*De pudeur et d'impudence*
*Sans te faire offense*
*Mieux n' vaut pas tenter sa chance*

*Rien ne dure / Au-dessus de la ceinture*

*Non pas sur la bouche*
*Même sous la douche*
*Même si c'est dur*
*Je te mordrai c'est promis*
*Tous les coups sont permis*

*Non pas sur les lèvres*
*Même pas en rêve*
*A cent pour sûre*
*Ou tu mang' ras ton pain gris*
*Mon cœur est endurci*

*Ne tire pas sur l'ambulance*
*Garde la potence*
*Plus rien n'a plus d'importance*

*Rien ne dure / Au-dessus de la ceinture*

*Non pas sur la bouche*
*Je sais je touche*
*Le fond du lac*
*Le temps des cerises est mort*
*Le diable est dans le corps*

*Non pas sur les lèvres*
*Non c'est pas mièvre*
*C'est pas le trac*
*Je préfère me donner crue*
*Sans revers ni refus*
*Rendons-nous à l'évidence*

*Tout est cuit d'avance*
*Mieux n' vaut pas tenter sa chance*

*Rien ne dure / Au-dessus de la ceinture*

Ce n'est pas la moindre des qualités de ce texte de reposer sur un paradoxe immoral, "louche" dit Benjamin Biolay : quand toute la société bien pensante s'accorde à tenir les aventures charnelles pour éphémères et à vanter celles qui s'accompagnent de sentiments amoureux, la cantrice tire une moralité inverse dans un refrain que le présent de vérité générale, la rime puissante et l'hyperbole absolue ("Rien") érige en formule proverbiale : "Rien ne dure / Au-dessus de la ceinture", détournement imprévu de l'expression populaire "avoir les idées placées au-dessous de la ceinture". Ce message implicite est partout assumé dans la chanson puisque la locutrice, grâce à des anaphores régulières qui installent la structure même des couplets, refuse les symboliques marques de tendresse que seraient les baisers sur la bouche et sur les lèvres. Elle n'embrasse pas, parce que le baiser engage et que les engagements amoureux sont voués à l'échec. Derrière ce principe, c'est toute l'argumentation de Cyrano de Bergerac à Roxane qui s'effondre : si le baiser sert à se respirer le cœur et à toucher au bord des lèvres l'âme, celle de la cantrice "est revêtue", hermétique, inaccessible et autant vaut se contenter des jeux érotiques que la partie inférieure du corps permet et convoque.

Or cette moralité inhabituelle, Benjamin Biolay la rend comme de juste très charnelle par une chanson conversation en temps réel : le présent des couplets est un présent d'énonciation et la séance amoureuse se déroule sous nos yeux. L'insistance des négations, la référence à la douche comme la promesse des morsures compensatoires situent l'auditeur au cœur du combat qui "divise" les amants. Il n'est pas impossible d'imaginer que le partenaire prononce des injonctions étouffées, cherche aussi des arguments pour la convaincre de lui céder. "Non c'est pas mièvre", semble répondre la jeune fille aux reproches par lesquels il désapprouve la résistance qu'elle lui oppose. En outre, le lexique à double entente suggère des connotations scabreuses : "coup", "dur", "langue", "mordre", "toucher" ou un vocabulaire du péché : "tenter", "diable", "potence" ; et le refrain lui-même joue avec la mollesse et la brièveté des érections masculines. Rien ne dure au-dessous de la ceinture : ça aurait pu être chez Brassens, la litanie des 95% de femmes qui "s'emmerdent en baisant". Or ici leur slogan est renversé et tout ceci met l'auditeur en situation de voyeur, étrangement frustré.

L'accompagnement musical, la voix suave de la chanteuse, le style coupé du rythme qui permettra d'entendre son souffle sont autant d'avantages pour transformer ce texte en une chanson sulfureuse. Le clip vidéo en sépia et en plans serrés sur le haut du corps de l'interprète offrira une confirmation des ambitions de l'auteur : on y voit une main masculine qui tente de caresser le visage de la jeune femme et celle-ci de se débattre. Au final, la main "dominée" glissera sous la ceinture, acceptant de se contenter de ce que la jeune fille offre, acceptant de ne pas échanger les preuves de fidélité, vaines et superficielles, du baiser sur les lèvres.

Or ce texte, indéniablement réfléchi, met en évidence la plupart des remarques que j'ai faites jusqu'à présent. La rime est soignée : souvent rare et riche, elle revient régulièrement dans des vers courts, elle marque l'architecture générale, notamment en soudant les deux quintils entre chaque refrain par leur vers 3 ("langue" / "tremble", "dur" / "sûre", "lac" / "trac"), elle s'enrichit d'homophonies internes ("préfère" / "revers", "sûre" / "endurci", "temps" / "dans"). Le refrain minimal (monostiche ? distique ?) est relayé par les anaphores des premiers vers des quintils mais aussi par les tercets en rime unique qui le précèdent et la reprise du conseil "Mieux n' vaut pas tenter sa chance" ; ce qui souligne l'insistance et le ressassement des amants, ce qui suggère encore l'érotisme de leurs désirs. La métrique très rigoureuse (5/4/4/7/6 pour tous les quintils, 7/5/7 pour tous les tercets) donne pourtant l'impression de boiter : les "e" muets sont parfois élidés, hors des conventions, et surtout l'hétérométrie cache la régularité. Les vers courts, les vers impairs, les strophes impaires, les rimes internes, les rimes espacées créent du désordre, minimisent la rigueur de la versification et accentuent l'immédiateté d'une parole de défense qui n'a pas été préméditée et que la locutrice improvise en situation d'urgence.

La syntaxe va dans le même sens que la métrique, elle truque sa richesse (propositions subordonnées de cause et de concession, "puisque", "même si", "bien que") derrière le négligé des ellipses : absence de verbe dans les vers anaphoriques ("Non pas sur..."), absence de négation complète ("C'est pas le trac"). Surtout elle prend des allures familières et spontanées en puisant dans des formules toute faites, des expressions lexicalisées qu'elle redynamise par le cotexte : "Même pas en rêve", "Tous les coups sont permis", "Ne tire pas sur l'ambulance", "Toucher le fond (du lac)", "Tout est cuit d'avance" (jeu avec l'adjectif "crue" qui précède), "Manger son pain" (jeu sur la couleur grise plutôt que noire ou blanche, jeu avec le participe "endurci" tout proche qui évoque le pain dur)... jusqu'au détournement "cent pour sûre" qui raccourcit élégamment une formulation plus attendue telle que "sûre à cent pour cent".

Alors les références à la chanson "Le Temps des cerises" de Jean-Baptiste Clément et au roman de Raymond Radiguet *Le Diable au corps* mettent une dernière touche de lieu commun dans ce texte charnel et déroutant, qui renverse la morale et se met au plus près de l'évolution des mœurs et de la faillite des idéaux romantiques.

## Autres éléments de popularité

Ce qui semble donc faire point commun dans toutes ces attitudes du chanteur poète contemporain, c'est donc une revendication, consciente ou inconsciente, de la popularité. Qu'elles soient lyriques ou réalistes, qu'elles soient de variété ou élitistes, les chansons actuelles cherchent la proximité et la connivence avec l'auditeur en lui donnant l'illusion d'un lexique et d'une syntaxe familiers et en créant un style "coin de table", "conversation à l'arrach'", qui cherche le négligé de l'intimité. La Nouvelle Chanson française à la fin des années 70 a, par exemple, légitimé l'introduction des marques de produits de consommation. C'est flagrant chez Renaud et particulièrement chez Alain Souchon dans ses chansons depuis "Foule sentimentale" (*C'est déjà ça*, 1994) jusqu'à "Putain, ça penche" (*La Vie Théodore*, 2005) qui propose pour couplet une longue suite de marques publicitaires.

Cette infraction prosaïque s'est répandue chez tous les auteurs contemporains, condamnant pourtant leurs textes à une compréhension éphémère et à un phénomène de mode. Signalons les références étroites de Vincent Delerm à des maisons d'édition dans "Quatrième de couverture" ("Presses Pocket", "NRF", "Livre de poche" et "10/18", *Kensington Square*, 2004), ou encore le "Riz Oncle

Ben's" dans "Anita Pettersen", les baskets Reebock dans "Les filles de 1973 ont trente ans". Ou celles très nombreuses aussi de Clarika :

*Et je coule je dégouline*
*Comme la pile Alcaline*
("Saoule la chaleur saoule", *Joker*, 2005)

Ou des Fatals Picards qui parlent par deux fois dans leur album 2007 de l'entreprise de bricolage Castorama ("Mon père était tellement de gauche", "Seul et célibataire", *Pamplemousse mécanique*). Parfois, la marque commerciale peut être le prétexte d'une métaphore pertinente comme le titre "Femmes téfales" de Zazie (*Made in love*, 1998) dans lequel la cantrice se plaint auprès du destinataire aimé de toutes les filles qui s'offrent et ne s'attachent pas, devenant pour lui un objet de tentation : "Moi le gratin m'est égal", précise-t-elle ; formule qui modernise drôlement les pactes de fidélité conjugale.

Dans le même esprit d'un collage à l'actualité et à des références communes et populaires, Vincent Delerm (en tête mais quasiment tous ses contemporains aussi) puise dans le vivier onomastique des personnages célèbres, ou plutôt provisoirement célèbres : c'est une photo de Fanny Ardant qui le rend célèbre en 2002 (*Vincent Delerm*). Dans "Quatrième de couverture", Signoret, Tristan Corbière, Fellini, Hitchcock, Truffaut, Sempé, Boris Vian, Platini ; dans "Anita Pettersen", La Compagnie Créole et Modiano pour un titre de chanson (*Kensington Square*, 2004), Christine Boutin dans "Il fait si beau" et Steffi Graf pour un titre de chanson (*Les Piqûres d'araignée,* 2006). Citons un refrain humoristique de Camille dans la chanson "Vous" (*Le Fil*, 2005) :

*Là bas en Angleterre,*
*Ils se disent tous You,*
*C'est plus clair*
*De Toto, Tony Blair*
*A Lizarazu.*

Les Fatals Picards évoquent au détour de leurs quatre albums des semi vedettes comme Henry Guibet, acteur de second plan issu du Café de la Gare, Henri Dès, chanteur pour enfants, Jean-Pierre Descombes, présentateur des *Jeux de vingt heures* dans les années 70, Mader, chanteur de disco dans les années 80, Marc Lévy, écrivain à succès, Rocco Siffredi, acteur de film pornographique, Christian Morin, ancien animateur et trompettiste à ses heures, Julien Courbet, présentateur sur TF1 (aussi présent dans "Ne me demande pas" de Clarika, *Joker*, 2005)... et ils intitulent une chanson satirique de leur dernier album "Bernard Lavilliers".

Dans un article du magazine *Chorus* (n° 45, Automne 2003, p. 106), Marc Robine faisait remonter cette tendance à l'onomastique aux chansons innovantes du parolier David McNeil : "Entre autres choses, McNeil fut le premier (souvent imité par la suite) à émailler ses chansons de noms de personnages connus de tous [...], de marques réputées [...], et de titres de livres ou de films ; bref tous ces riens qui brossent le décor d'une époque. Le danger, bien sûr, serait de fixer la chanson dans celle-ci et qu'elle devienne incompréhensible pour les générations suivantes".

Comme je l'ai remarqué précédemment, cette utilisation des noms propres, des mots anglais, des titres de film, des marques publicitaires favorise un enrichissement et une originalité des disponibilités rimiques. La rime devient surprenante et cet effet de surprise dégage automatiquement de l'humour : "Celles qui ont vu trois fois Rain man / Celles qui ont pleuré Balavoine [...] Celles qui disaient Eric Serra" ("Les filles de 1973 ont trente ans", *Kensington Square*, 2004). On peut faire entrer dans le même effort de renouvellement des rimes françaises les sigles placés en fin de vers : "Sur les affiches UMP" dans "Il fait si beau" (*Les Piqûres d'araignées*, 2006). Bien sûr, le phénomène des noms propres est poussé à l'extrême chez Vincent Delerm qui s'en sert également comme un vecteur intimiste et une sorte de témoignage authentique, jusqu'à l'énumération des filles du Lycée Carnot à la fin de la chanson "Les filles de 1973 ont trente ans", par exemple Fabienne Lesage, que je suis désolé d'épingler si son nom n'a pas été créé pour la rime et si elle a une quelconque existence autobiographique ; jusqu'à en faire un titre, "Anita Pettersen", à laquelle le canteur lors d'un mariage sous tente animé par un D.J. à catogan "pose des questions norvégiennes". Chez lui, le luxe de détails frise l'insolite et renforce l'aspect anecdotique de ses textes. Mais sans étendre jusqu'à cette extrémité le processus onomastique, les auteurs contemporains multiplient les références à tous ces éléments de la langue (noms de personnages connus puisés dans l'actualité, sigles, marques) autrefois bannis, qui ne leur servent d'ailleurs pas toujours de rime nouvelle et spirituelle. Le phénomène relève donc moins d'une facilité de construction que d'une volonté de vouer la chanson actuelle à un échange modernisé avec l'auditeur ; un échange proche de la langue courante qui a facilement recours à ces éléments. Ainsi le risque très réel que la chanson puisse se démoder à cause de ces personnages qu'on ne connaîtra rapidement plus ou de ces marques, qui, sans forcément disparaître, perdront en légitimité économique et commerciale, ce risque que la chanson paraisse surannée au bout de quelques décennies est mis au second plan par rapport à l'efficacité qu'ils lui confèrent sur le moment.

Un autre aspect de ce que nous convenons d'appeler définitivement le "popularisme" de la chanson contemporaine passe par l'interaction festive avec le public comme dans le tube de Philippe Katerine, "Louxor j'adore" (*Robots après tout,* 2005), qui prévoit des manifestations de l'auditoire au moment où le canteur propose de "couper le son".

"Popularisme" encore dans le nom des vedettes. A l'instar de Barbara et Renaud (mais aussi Sheila et Ringo), le choix assez symptomatique de plusieurs artistes récents de n'être qu'un prénom familier ou un pseudonyme qui s'apparenterait à un surnom : Mickey 3d, Miossec, Dominique A, Camille, Bénabar, Cali, Aldebert, Ridan, Anaïs, Raphaël, Tété, Koxie, Katerine, Corneille, Rose, Daphné, Thérèse, Louis, Pauline, Luke, Juliette… Par leur brièveté, ces prénoms et ces surnoms créent facilement l'intimité avec le public. Il y a, par derrière, les stéréotypes de l'interpellation familiale, comme pour La Grande Sophie ou Amélie-les-crayons, pour M ou pour Ours.

C'est aussi un marquage régional bon enfant, comme un chauvinisme de bon aloi ou une fidélité à ses racines : Besançon pour Aldebert ("Besac", *Plateau Télé*, 2000), Perpignan pour Cali, Toulouse pour Mickey 3d, la Bretagne pour Matmatah, la Picardie évidemment pour les Fatals Picards et autres régionalismes bon teint en banlieue parisienne, Anis avec "Cergy" et Grand Corps Malade avec "Saint-Denis"…

Cette revendication populariste, c'est surtout le cheval de bataille de Bénabar, largement reconnu comme le chef de file de ce nouveau mouvement composite, chez lequel elle est patente dès le premier album *La P'tite monnaie* (1997), encore signé Bénabar & associés :

> *Derrière la couverture, genre David Hamilton,*
> *Tu racontes entre deux larmes qu'un jour tu vas fuguer*
> *Tu sors d'une autre cachette, un paquet de cigarettes*
> *Hyper light mentholées que tu fumes à la fenêtre.*

Cet extrait de la chanson "Adolescente", drôle, familiale et sociétale, se libère avec ostentation des contraintes rimiques et puise sa dérision dans une focalisation à peine distanciée, qui assure au portrait de la jeune fille une bienveillance touchante en même temps qu'une bonne dose d'ironie. L'impression populaire vient donc aussi bien des élisions métriques que de la syntaxe relâchée ou que de la narration *in vivo.* Mais Bénabar cherche également en plus du texte à donner à la musique cette ambiance festive et faubourienne à laquelle les cuivres et l'accordéon confèrent des allures de "fête à neuneu". Avant de se mettre au piano, l'auteur compositeur est d'abord trompettiste et plusieurs chansons reproduisent une ambiance de fête votive, "Majorette", "Approchez" (*Bénabar*, 2001).

Par des aspects variés et à des degrés divers, toute la Nouvelle Scène française revendique donc cette familiarité : au double sens du terme, connivence familiale avec l'auditeur, niveau de langue original qui maintient le poétique tout en laissant l'illusion du français ordinaire.

Ce popularisme est intéressant d'un point de vue sociologique puisqu'il semble émaner d'une sorte de réconciliation entre les individus que nous sommes et le goût populaire que nous refusions, dans des périodes plus mondaines et plus normatives de la société française, de laisser poindre, par vanité. N'était-ce pas une des raisons qui a assuré le succès bienvenu de *La Môme*, le film d'Olivier Dahan consacré à Edith Piaf (2007) ? Certes, la chanson au cinéma pourrait être un phénomène de mode (depuis *On connaît la chanson* d'Alain Resnais jusqu'à plusieurs films récents, biopics ou fictions, comme *Quand j'étais chanteur, Qu'est-ce que t'y es belle!, Jean-Philippe, Les Chansons d'amour*). Mais le succès sans pareil de *La Môme* relève davantage de l'identification du public à un patrimoine populaire qu'il revendique et dont il accepte de garder la mémoire, loin de tous les préjugés intellectuels et surtout loin de toutes les tendances jeunistes.

En nous devenant si familière, la chanson, qui était déjà bien entrée dans le cercle de famille, dans le clan, dans les groupes générationnels, met en communauté un vaste héritage qui réunit toutes les castes sociales.

> *La chanson est un art éminemment populaire, sinon universelle. Elle permet de se dire, de se reconnaître, d'abord personnellement, puis au niveau d'un groupe d'amis ou d'une salle de spectacle, même d'un peuple ou d'une nation, et, finalement, au-delà de toute barrière de langue et de culture, tout simplement en tant qu'être humain qui porte son lot de peines et de joies, de certitudes et de doutes, de colères et d'espoirs. Elle est le reflet précis, particulier, évocateur d'une culture et d'une époque données, qu'elle pourrait ainsi permettre de comprendre de l'intérieur. En même temps, elle jette des ponts au-dessus des différences d'époque, de langue, de culture.* (Brian Thompson, revue *Esprit*, juillet-août 1983, article repris dans *La Clef des chants* : La Chanson dans la classe de français)

C'était ce que je voulais illustrer en titrant tout le chapitre qui précède "Egalité". "Lorsque la musique est belle / Tous les hommes sont égaux", chantait Jean Ferrat sur des paroles de Louis Aragon dans "La complainte de Pablo Neruda". C'est un peu de cela qu'il s'agit.

revendique et dont il accepte de garder la mémoire loin de tous les préjugés intellectuels et surtout loin de toutes les tendances jeunistes.

En nous devenant si familière, la chanson, qui était déjà bien entrée dans le cercle de famille, dans le clan, dans les groupes générationnels, [illegible] qui rejoint toutes les castes sociales.

> La chanson est un art éminemment populaire, [illegible]

[illegible]

# FRATERNITE

(DES SOURCES)

En vertu peut-être de cette égalité culturelle qu'elle instaure avec son auditeur, parce que la chanson ne le prend pas de haut, on l'accuse souvent d'être un art mineur. Dans *Psychanalyse de la chanson*, en 1996, Philippe Grimbert montre au contraire tous les avantages de cet ancrage populaire. En se banalisant, en perdant - ou en n'accédant jamais - au statut de l'art noble que l'on pratique comme un loisir, avec parcimonie, en dilettante, la chanson est devenue le fond sonore de notre existence quotidienne, et ce dès notre plus jeune âge. Philippe Grimbert souligne qu'elle présente un caractère d'absolue évidence, en tant que forme d'expression privilégiée dans l'enfance, l'adolescence, les heures de fête, les heures de stress, les cérémonies. Elle occupe une place fondatrice, un rôle essentiel, "celui d'une véritable fonction psychique, facilitant notre entrée dans le langage, fixant à jamais nos souvenirs et pacifiant notre rapport au monde." (*Chantons sous la psy*, 2002, p. 17)

Aucune poésie, c'est-à-dire aucune chanson sans musique, ne pourrait acquérir le même pouvoir car elle n'obtiendrait jamais la même audience, la même quotidienneté. Dans *Il était un piano noir...*, Barbara elle-même confirme :

*La chanson est dans le quotidien de chacun ; c'est sa fonction, sa force. Sociale, satirique, révolutionnaire, anarchiste, gaie, nostalgique... Elle ramène chacun de nous à son histoire.*

(1998, éd. Fayard, p. 60)

Allons plus loin : par rapport à la poésie, la noblesse de la chanson, c'est qu'elle nous ouvre les portes de la créativité. Nous pouvons en effet nous approprier une chanson, entrer dans son élaboration *a posteriori* par l'interprétation. Si un acteur de théâtre n'est pas l'auteur de la pièce qu'il joue, son investissement du texte lui donne une part de création : on l'écoute, on le questionne, on lui accorde des droits sur l'œuvre qu'il a hantée. Reprendre une chanson, même s'il ne s'agit que d'une pâle imitation, cela nous offre avec le texte une indéniable familiarité et l'on s'identifie facilement au créateur. Un admirateur passionné pourra affirmer : "C'est mon poème préféré" mais il évitera de dire : "C'est mon poème" ; un admirateur passionné insinuera : "C'est ma chanson", sans se sentir coupable d'hérésie. On s'identifie à une chanson "qui nous ressemble", comme le dit justement Jacques Prévert dans "Les feuilles mortes". Or cet exemple évoque justement une chanson (œuvre d'un grand poète) qui commente elle-même une autre chanson (à valeur générale et universelle puisque Prévert n'en donnera pas le titre). Lucienne Bozzetto, dans son article intitulé "Chanson, lieu commun" (*La chanson dans tous ses états*, 1996, p. 275), apprécie cette référence absente : Prévert "suppose l'identification d'une chanson devenue lieu commun dans l'histoire du couple qui se sépare [...]. Quelques années plus tard, Gainsbourg reprend le premier vers des "Feuilles mortes" et chante "La Chanson de Prévert" : "Oh je voudrais tant que tu te souviennes / Cette chanson était la tienne / C'était ta préférée je crois / Qu'elle est de Prévert et Kosma." [...] On voit ici comment s'opèrent les différents renvois, comment s'accomplit un type particulier de communication où toute une chanson [...] devient lieu commun de la mémoire et de la sensibilité." Lucienne Bozzetto ajoute à son exemple une chanson intitulée "Lachansondeprévertdegainsbourg" (*Fromage et dessert*, 1995) du fantaisiste lorrain Régis Cunin, pour étayer sa thèse. En entrant dans notre patrimoine et dans notre mémoire, la chanson, par bribes lointaines, fige des formules et des images qui constituent de véritables clichés culturels.

**Références littéraires**

Par là même, la chanson s'anoblit et s'émancipe de la poésie. Longtemps, de Trenet à aujourd'hui, les rares références intertextuelles que se permettait le chanteur étaient avec la poésie, cherchant par cet hommage pieux à se vassaliser : Barbara et Verlaine, Gainsbourg et Prévert, Lavoine et Apollinaire, Sardou-Delanoë et La Fontaine, Françoise Hardy et Ronsard, Ridan et Du Bellay ("Ulysse" dans l'album 2007, *L'Ange de mon démon*)... Près de nous encore, Sansévérino chante une adaptation du "dormeur du val" qu'il appelle "le dormeur du val vivant" (*Les Sénégalaises,* 2004), Les Têtes Raides chantent "Je voudrais pas crever" de Boris Vian, sur leur album *Fragile* (2005), Pascal Obispo intitule son album 2006 *Les Fleurs du bien* et Aldebert l'appelle la même année *Les Paradis disponibles* ; tous deux en référence franche à Baudelaire, décidément inspirateur littérairement correct.

De fait, Aldebert ne cesse de nourrir ses chansons d'allusions littéraires comme dans "La dame aux Camel lights" qui se prénommera effectivement Marguerite dans le refrain de la chanson, comme l'héroïne de Dumas fils. Pour nourrir sa parodie en clin d'œil, Aldebert la fait fumer abondamment comme le titre de la chanson l'indique et le canteur amoureux mais malheureux a beau lui offrir un bouquet de fleurs blanches, il nous confie un peu plus loin qu'elle nuit à sa santé. Renaud intitule un titre de *La Belle de Mai* (1994) "Le petit chat est mort", reprenant les mots d'Agnès dans *L'Ecole des femmes* de Molière. Jean-Jacques Goldman dénonce la société de consommation dans l'album *Chansons pour les pieds* (2001) en réutilisant le titre de Georges Perec "Les choses" sur le même thème. Miossec dans la chanson "Pentecôte" de l'album *1964* (2004) s'inspire du dernier vers dodécasyllabique de "Ma morte vivante" de Paul Eluard (*Le Temps déborde*) : "J'étais si près de toi que j'ai froid près des autres." Et il chante plusieurs variations de cet alexandrin en maintenant tout du long des rimes qui conviennent avec "toi" et avec "autres":

*J'étais si près de toi*
*Que j'ai commis tant de fautes*
*Je n'ai pas vu venir le froid*
*S'abattre sur nos côtes [...]*

Plus récemment, Miossec encore met en refrain de la chanson "La facture d'électricité" (*L'Etreinte*, 2006) une citation d'Henri Calet : "Ne me secouez pas, je suis plein de larmes." Enfin, Carla Bruni a décidé pour son deuxième album (2006) de prêter sa voix et sa guitare à des poèmes de William Butler Yeats, Wystan Hugh Auden, Emily Dickinson, Christina Rossetti, Walter de la Mare ou encore Dorothy Parker.

Cette déférence à la poésie d'un autre est certainement encore le sentiment de Maxime Le Forestier lorsqu'il prête sa voix aux poèmes de Georges Brassens, comme lorsque ce dernier empruntait des textes à Villon ou Aragon. Mais dans ce dernier exemple, c'est un chanteur poète qui devient la référence et peut-être faut-il y voir le signe d'un début de sacralisation. Citons un exemple plus précis : le titre à succès de Maxime Le Forestier "Né quelque part" (1988) prend sa source dans une chanson peu célèbre de Brassens qui s'intitule "La ballade des gens qui sont nés quelque part" (1972) mais elle utilise également dans ses paroles d'autres sources. "Y a des oiseaux de basse-cour et des oiseaux de passage" dit le deuxième couplet. Or un texte que Brassens emprunte au poète Jean Richepin évoque lui aussi cette dichotomie ornithologique et la chanson s'intitule "Les oiseaux de passage" (1954). Enfin le premier vers "On choisit pas ses parents, on choisit pas sa famille" fait entendre une déformation du premier vers de "Mon beauf" de Renaud : "On choisit ses copains mais rarement sa famille / Y a un beauf mine de rien qu' a marié ma frangine". Ainsi, de chanteur à chanteur, il semble que le respect s'instaure et que les mérites des uns autorisent les autres à s'inspirer des premiers. Renaud en 2002 propose un "Bistrot des copains" (*Boucan d'enfer*) quand Brassens avait rédigé le sien, sous le même titre ou peu s'en faut, en 1960.

Tout de même, longtemps de Brel à Barbara, le chanteur ne revendique pas une place de poète et préfère considérer son œuvre comme un art mineur. On citera le mémorable anti portrait de Barbara :

*Je ne suis pas une grande dame de la chanson*
*Je ne suis pas une tulipe noire*
*Je ne suis pas poète [...]*
*Je ne suis pas une intellectuelle* (Programme de l'Olympia 69)

On renverra aux propos de Brel dans le "Poète d'aujourd'hui" que lui consacre Jean Clouzet chez Seghers en 1964. Gainsbourg, face à Guy Béart, chez Bernard Pivot (Emission *Apostrophes* du 26 décembre 1986) a marqué toutes les mémoires par son mépris, un rien provocateur, à l'égard de la chanson. Pourtant, c'était oublier à quel point des écrivains illustres, de Crébillon fils à Victor Hugo, se laissèrent tenter par l'écriture chansonnière. Un exemple de va-et-vient entre poésie et chanson retiendra particulièrement notre attention : en 1802, Marc-Antoine Désaugiers crée un tube phénoménal avec les deux chansons réalistes "Tableau de Paris à 5 heures du matin" et son pendant "Tableau de Paris à 5 heures du soir". Cinquante ans plus tard, ces deux chansons sont encore très célèbres et Baudelaire s'en inspire dans deux pièces des "Tableaux parisiens" des *Fleurs du mal* qu'il intitule "Le crépuscule du matin" et "Le crépuscule du soir". Lanzmann écrit tout juste avant mai 1968 pour Jacques Dutronc son célèbre "Il est cinq heures, Paris s'éveille" sur les variations improvisées à la flûte traversière de Bourdin. Sympathique va-et-vient entre chanson et poésie !

Pourtant, malgré des interférences bilatérales comme celles-ci, il faut attendre les années 80 pour que la chanson ait conscience qu'elle est elle-même un réservoir au sein duquel elle peut puiser tout autant que dans le tonneau de la poésie purement écrite ; il faut attendre les années 80 pour voir se développer des phénomènes d'auto-référence.

## Références ironiques

La chanson s'affiche comme un art à part entière qui a déjà ses propres modèles sans avoir besoin de la poésie officielle pour exister. Décomplexé, le chanteur exhibe sa filiation avec d'autres chanteurs : On pourrait d'abord penser que ce jeu intertextuel ne vise qu'à une flagellation, une sorte de dévalorisation contagieuse dans lesquels les "petits" cherchent plus "petits" qu'eux pour se rehausser. C'est explicitement l'intention de Renaud lorsqu'il épingle Vincent Delerm dès les premières mesures de son titre polémique "Les Bobos" (2006, *Rouge sang*) comme le chanteur officiel de ces "bourgeois bohêmes" à demi méprisés et Gérard Manset comme leur idole vénérable. C'est certainement, avec la nostalgie en plus, la démarche de Bénabar dans sa chanson hommage à "Maritie et Gilbert Carpentier" (*Reprise des négociations*, 2005) qui stigmatise le comportement très professionnel de ces vedettes des années 70, qui "s'appelaient presque tous Michel". C'est peut-être le sentiment de Jacques Brel quand il fait référence dans le refrain d'"Orly" (1977) aux "Dimanches à Orly" de Bécaud (1963) : "Mais nom de Dieu / C'est triste / Orly le dimanche / Avec ou sans Bécaud". Mais il s'agit sûrement moins d'ironie quand Renan Luce écrit dans "L'iris et la rose" (*Repenti*, 2006) : " J'irai dimanche à Orly-Sud"

Récemment Aldebert parodie la chanson pastorale "Le divin enfant" dans le refrain du "Bébé" sur l'album *L'Année du singe*, 2004. Clarika cherche une allusion railleuse lorsqu'elle reprend à la fin du premier couplet de sa chanson satirique et énumérative "Ne me demande pas" un titre ancien de Francis Cabrel, célèbre pour sa naïveté "Peace and love" : "Elle écoute pousser les fleurs" ; vers que Clarika, argument qui a lui seul en prouvera le détournement humoristique, fait rimer avec le nom de l'entreprise "Manpower" (*Joker*, 2005). Enfin les Fatals Picards imite la voix et l'accent belge de Jacques Brel pour une chanson qu'ils intitulent comme lui "Les bourgeois" (*Picardia Independenzia*, 2005).

Depuis sa création en France, le rap a subi des parodies nombreuses qu'on pourrait mettre sur le compte d'un mépris caricatural ou simplement d'une démarche ironique, du célèbre "Auteuil, Neuilly, Passy" des Inconnus (1991) au "Rap collectif" d'Anaïs (*The Cheap show*, 2005) en passant par le titre "J'fais du bruit" des Fatals Picards sur leur album 2003 (*Droit de veto*) ou par le fabuleux "Deux cinq" d'Aldebert qui vante, aux côtés de sa compatriote Madeleine Proust, avec une musique et un phrasé idoines, les mérites des fromages de Franche-Comté (CD - 2 titres, produit fin 2004) :

*Roule tout doux dans l' 2-5*
*Tout l' monde debout sur le zinc*
*Roule tout doux dans l' 2-5*
*Lève ton verre et trinque*

*Bienvenue dans la cité*
*Du comté et du vin blanc*

*Ici tout l'monde a droit d'cité*
*Dans le vivier des bons vivants*
*Que tu viennes du Jura*
*Ou du territoire de Belfort*
*Gloire à celui qui percera*
*Les secrets d' la saucisse de teaumor*

C'est encore la démarche du groupe Fatal Bazooka, soudé autour de Mickaël Youn, qui imite les tournures et les thèmes de Grand Corps Malade dans la chanson "Fous ta cagoule" (*T'as vu*, 2007) :

*J' voudrais jeter un slam*
*Pour cette maladie qui l'hiver l'anus m'irrite*
*Un virus venu du froid qu'on appelle gastro- entérite*
*La prochaine fois, j' mettrais ma cagoule.*

Dans ce quatrain, l'imitation s'appuie à la fois sur la référence à la maladie dont le slameur fait, de par son infirmité, un usage abondant et sur des morceaux de phrase empruntés (le premier vers reprend le premier vers de la chanson "Saint-Denis", le quatrième reprend le dernier de la chanson "Les voyages en train", *Midi 20*, 2006) ; le choix de tournures identiques pour aborder une maladie bénigne aux symptômes triviaux amène tout le décalage dépréciatif de cette imitation. Mais la parodie passe également à travers des choix stylistiques "a la manière de" : le respect de l'alexandrin pour les deux vers centraux, des inversions savantes pour respecter les mesures et les rimes ("qui l'hiver l'anus m'irrite"), des échos phoniques courants dans le rap ("l'hiver l'anus" / "virus venu"). L'intertextualité prête d'autant plus à sourire qu'elle est ancrée dans une observation très pertinente des pratiques scripturaires de Grand Corps Malade.

Ainsi, derrière une forme de dérision perce une forme de reconnaissance ; comme dans l'utilisation si massive qu'elle en devient légendaire de la figure tutélaire de Gainsbourg / Gainsbarre dans "Je t'aime mais" de Zazie (*Zen*, 1995), "Le dramelet" de Bénabar (*Bénabar*, 2001), "Docteur Renaud, Mister Renard" de Renaud (*Boucan d'enfer*, 2002), "La Java nase" de Régis Cunin (*Cousu main*, 2003), par exemple.

**Intertextualité**

En effet les exemples où la référence discrète vise à l'hommage ou au clin d'œil élogieux sont très nombreux. Lucienne Bozzetto mentionne certains textes de chanson qui renvoient eux-mêmes à d'autres chansons devenues les références d'une époque : *Mon père* de Nicolas Peyrac, *Rockcollection* de Laurent Voulzy (l'une des chansons les plus longues du répertoire) dressent, selon elle, "une sorte d'histoire familiale de la France à travers les succès des années 50-70" (*op. cit.*, p. 274). Il faudrait ajouter aujourd'hui "1980" de Pascal Obispo. Dans "Au ras des pâquerettes" (1999), Alain Souchon semble soutenir la polémique entamée par Julien Clerc et David Mac Neil autour des "seins de Sophie Marceau" dans "Assez...Assez", un peu plus tôt. La toute récente chanson qu'écrivent des rappeurs aussi célèbres que Stomy Bugsy et Passi pour Johnny Hallyday reprend dans son refrain les mots d'Edith Piaf :

*Et le temps passe*
*Non, je ne regrette rien*
*Rien de rien*
*Je ne regrette rien.*

Le titre d'Edith Piaf "La vie en rose" constitue les premiers mots de la chanson "Foule sentimentale" d'Alain Souchon :

*Oh la la ! la vie en rose*
*Le rose qu'on nous propose*
*D'avoir des quantités d' choses.* (*Ultra moderne solitude*, 1988)

Ainsi au-delà des reprises qui sont monnaie courante, obtiennent souvent un réel succès plus ou moins mérité par l'adaptateur et n'ont pas besoin d'être énumérées puisqu'elles s'affichent le plus souvent avec vantardise par les interprètes de seconde main, qui offrent à l'occasion aux originaux un coup de jeunesse ou, à défaut, un coup de projecteur, au-delà de ces fréquentes duplications, les allusions, les sous-entendus, les emprunts incarnent une démarche intelligente de mise à l'honneur, de coup de chapeau.

Pour le colloque de l'IASPM, "Musiques populaires : une exception francophone ?" (Université Catholique de Louvain,

Belgique, 8 et 9 février 2007), Céline Cecchetto propose une communication qui analyse avec précision les phénomènes d'emprunt et d'imprégnation de la jeune génération :"Popularité et mémoire dans la chanson française de la fin du siècle". Elle y parle notamment de l'album *Le bout du toit* des Têtes raides (1996) et utilise la terminologie de Gérard Genette pour évoquer des "palimpsestes chansonniers". Le fonctionnement mémoriel spécifique à cet album est hypertextuel. En effet, plusieurs chansons sont "dérivées d'une œuvre antérieure, par transformation ou imitation". Ainsi le paratexte du livret nous apprend que "Saint Vincent", la chanson liminaire de l'album, est dédiée à Georges Brassens, dont un des processus d'écriture majeurs est justement la chanson énumérative. Et comment ne pas voir "Le théâtre des poissons", qui évoque le corps des marins et leurs excréments dans la mer du Nord, dans sa dimension intertextuelle avec l'univers brélien, donc avec une lecture de la tradition (celle de la chanson de marins) ? Céline Cecchetto cite alors Catherine Dutheil- Pessin : "Aujourd'hui la chanson réaliste fait partie du patrimoine, elle semble appartenir définitivement à un monde révolu. Cependant elle resurgit dans les musiques contemporaines, le plus souvent mêlée à d'autres styles. Elle est devenue un style chansonnier suffisamment connu pour en faire des citations ou pour créer des ambiances typées. Nous sommes entrés dans une phase de patrimonialisation de la chanson réaliste, de ses thèmes et de ses couleurs musicales ; elle agit aujourd'hui comme un signe puissant de l'identité française [...] et comme un élément déclencheur d'un sentiment de nostalgie des origines". Catherine Dutheil-Pessin, *La chanson réaliste, Sociologie d'un genre*, L'Harmattan, Coll. « Logiques sociales », p. 309-310.

Cette intertextualité qui établit des passerelles entre les œuvres des chanteurs leur permet de s'enrichir mutuellement, créant des réseaux de signification implicites, à l'instar de la poésie. Puiser dans le fonds commun devient un acte courant, volontaire et assumé : c'est un principe même de la mode musicale du rap qui retravaille certains échantillons plus anciens.

*Je fonce, avec fougue, dans le fond du microsillon*
*Nous sommes des Attilas : ce sont des sillons que nous pillons*
*J'aime, je respecte les artistes que je sample [...]*

déclare solennellement Akhenaton du groupe IAM dans la chanson "La face B" (*Métèque et mat*, 1995). Ainsi, le rappeur Booba sur son album 2006 *West side* compose une chanson intitulée "Pitbull" qui utilise en toile de fond des passages musicaux du standard "Mistral gagnant" de Renaud (1985, album éponyme). Joeystarr propose un remake du "Métèque" de Georges Moustaki (2006) et y reprend effectivement sur le plan textuel la construction matricielle à partir de la préposition "avec".

Mais ce sont surtout des paroles célèbres et tout à fait identifiables que la nouvelle génération emprunte à ses prédécesseurs. Grand Corps Malade dans sa chanson "Les voyages en train" (*Midi 20*, 2006) fait un parallèle entre les histoires d'amour et les trajets ferroviaires et vers la fin de son texte, il propose une allusion très claire au titre des Rita Mitsouko : "Il paraît que les voyages en train finissent mal en général." En 2001, Coralie Clément, sur des paroles de son frère Benjamin Biolay, interprète "L'ombre et la lumière" dont les couplets commencent par la formule barbaresque "Un beau jour ou était-ce une nuit". Bénabar dans l'album *Reprise des négociations* (2005) propose le titre : "Triste compagne" pour décrire la mélancolie, le spleen ou la dépression, habituels des poètes, et constater que ceux-ci ne lui ont pas laissé un grand choix de formules :

*Ce n'est pas le mal de vivre*
*C'est beaucoup trop raffiné [...]*
*Non, ça, c'est déjà pris*

Clin d'œil conscient, il reprendra un peu plus loin dans la chanson la formule "vaille que vaille", quand Barbara en 1965 dans "Le mal de vivre" créait justement la troublante locution : "Vaille que vivre". En 1993, dans son premier album *J'attendrai pas 100 ans*, Clarika utilisait la même locution adverbiale très inusitée pourtant et justement dans une chanson qui exprimait la dépression : "Au fond de ma baignoire"... "J'écouterai tes histoires vaille que vaille". Barbara, dont les textes sont si régulièrement pillés, a elle-même pratiqué la référence. Ainsi elle compose dans les années 80 deux variantes d'un texte titré "Mémoire, mémoire" comme Johnny Hallyday chantait "Souvenirs souvenirs" deux décennies plus tôt ; elle intitule une chanson de son dernier album "Faxe-moi" et commence par une sorte de refrain titre "Faxez-me faxez-moi" qui rappelle le "Téléphonez-me, téléphonez-moi" de Dutronc-Lanzmann. La chanson de Louise Attaque intitulée "La brune" que nous citions intégralement tout à l'heure s'appuie sur "L'éducation sentimentale" de Maxime Le Forestier : "Ce soir, à la brume, / Nous irons ma brune / Cueillir des serments". Enfin, dans l'album *Gibraltar* (2006), Abd Al Malik nous propose de lire, d'entendre et de voir en filigrane les grands standards de Jacques Brel. La chanson "Les autres" progresse comme "Ces gens-là" de Brel : parenté du titre, écho musical, jeu de scène lors du refrain pour désigner derrière soi les autres personnages dénoncés par le texte et, sur l'enregistrement, la formule "les autres, ils disent comme ça qu'elle est trop bien pour moi", attribuée à une compagne et l'interpellation finale par l'apostrophe "Monsieur" à un interlocuteur fictif. Il arrive même à Abd Al Malik dans ces passages sur scène de reprendre tous les mots de la chute : "Mais il est tard, Monsieur. Il faut que je rentre chez moi." La chanson "Soldat de plomb" propose un alexandrin liminaire ("Tout maigr' dans ma gross' vest' qui me servait d'armure") qui mime le premier vers d' "Au suivant" ("Tout nu dans ma serviette qui me servait de pagne").

L'allusion peut être beaucoup plus discrète comme ce début de la chanson de Bénabar "Quatre murs et un toi" :

*Un terrain vague*
*De vagues clôtures*
*Un couple divague*
*Sur la maison future.*

Le jeu de mots autour de l'adjectif "vague" en début de chanson peut rappeler le démarrage spectaculaire du "Plat pays" de Jacques Brel :

*Avec la mer du Nord pour dernier terrain vague*
*Et de vagues rochers pour arrêter les vagues*
*Et des vagues de dunes que les rochers dépassent [...]*

La citation, l'emprunt, l'allusion provoquent (et convoquent) une écoute désormais culturelle de la chanson française : l'auditeur est convié à sentir, se remémorer, décrypter les éléments référentiels auxquels il est ainsi, sérieusement ou ludiquement, renvoyé.

*La chanson d'aujourd'hui ne cesse donc de citer la chanson d'hier, de se situer par rapport à elle. Il faut voir dans ce phénomène une différence radicale avec la chanson française de l'après-guerre, qui citait les poètes, qui les mettait en musique [...] La chanson d'expression française de ses vingt dernières années n'est plus adossée à la littérature mais à des arts visuels et audiovisuels (chanson et musique, vidéo, photo, film, bande dessinée), en bref, à des formes de culture de masse qui déterminent des marchés de consommation."*

Paul Garapon, "Métamorphoses de la chanson française", *Esprit,* Juillet 99, n° 254, p. 107.

## Création de parenté

Au-delà de cet intertexte référentiel, il y a l'évidente affirmation d'un lignage, d'une filiation entre la génération actuelle et les trois qui l'ont précédée. Soyons clair : la génération 2000 emprunte, sans exclusive, à la génération 55-65 (Brassens, Ferré, Barbara, Brel, Aznavour), à la génération 75-85 (Renaud, Souchon, Cabrel, Jonasz, Le Forestier, Duteil, Lalanne, Lavilliers, Berger, Bashung, Chédid), à la génération 90-95 (Rock alternatif et Rap, Noir Désir, Miossec, Dominique A, Thomas Fersen, Mano Solo et les Têtes Raides). Je développerai pour un exemple net les interférences observables entre Carla Bruni et Barbara mais une réflexion similaire pourrait certainement être développée à propos d'une parenté entre Georges Brassens et Renan Luce, Serge Gainsbourg et Benjamin Biolay, ou Francis Lalanne et Cali, par exemple.

Quoi qu'il en soit, l'ancien top model, par l'album *Quelqu'un m'a dit* sorti le 5 novembre 2002 en France et écoulé à 2 millions d'exemplaires dans le monde, s'est lancé dans la chanson avec sa seule guitare et un filet de voix : ça pouvait bien apparaître comme un gag, au mieux une gageure. Elle affirmait avoir été nourrie au lait de la Dame Brune et, en effet, *Les Inrockuptibles* ont volontiers dit en la présentant qu'elle proposait une rencontre entre Suzanne Vega et Barbara. Son succès a de fait prouvé qu'une filiation s'avérait. Carla Bruni est auteur compositeur ; sur son album *Quelqu'un m'a dit*, onze des douze titres lui appartiennent. Consciemment ou inconsciemment, il est certain que Carla Bruni a puisé dans les schémas, les *topoi* et la langue que Barbara privilégiait : Première parenté, ce qu'on pourrait appeler un lyrisme échevelé. Carla Bruni confie en interview qu'elle ne se trouve pas assez lyrique. Il y aurait pourtant de quoi la démentir à l'étude de ses textes. Comme Barbara qui parle à la première personne dans les 106 chansons qu'elle a écrites durant toute sa carrière, Carla Bruni fait, dès son premier album, un carton plein : Tous ses textes utilisent le *je*, à la fois poétique, politique et philosophique, impudique et trompeusement autobiographique. Et s'il y a souvent des références universelles ou tout au moins collectives ("Tout l' monde a d' l'enfance qui ronronne, / Au fond d'une poche oubliée" -"Tout le monde"-), le poète s'impose comme un témoin privilégié, comme la Barbara dénonciatrice de "Soleil noir" et de "Perlimpinpin" ("J'en vois qui la plient même qui la cassent, / Et j'en vois qui n' la voient même pas" -"Tout le monde"-). Plus souvent, comme Barbara, c'est le *je* de l'amante, de l'amoureuse ou de la désespérée : "J'entends l'harmonica...mais on dirait un orgue" ("Le ciel dans une chambre"). Barbara annonçait dès ses débuts en 63 : "J'entends sonner les clairons / C'est le glas des amours mortes". L'écho est frappant et persistant ; Carla Bruni dit : "Et l'amour... je laisse tomber" ; Barbara titre l'un de ses tout premiers textes : "J'ai tué l'amour".

Alors pourquoi Carla Bruni ne se trouve-t-elle pas assez lyrique ? Parce que, comme Barbara, à côté de la femme sentimentalement déchirée, elle se campe en délurée mutine, excessive et croqueuse d'hommes. Carla Bruni aime aimer. Elle le dit et ça se sent. On retrouve chez elle une sorte d'érotisme épidermique, qui vante la caresse et joue avec les peaux et les creux du corps. Une chanson est dédiée à l'homme qui l'accompagne ("Raphaël"). Mais ce partenaire-là, elle ne se contente pas de l'idéaliser en fillette romantique - à l'instar des lolitas qui dégoulinent de bons sentiments et de transpirations gymnastiques - , ce partenaire-là, elle lui donne un corps et des avantages en nature :

> *Raphaël a l'air d'un ange, mais c'est un diable de l'amour,*
> *Du bout des hanches et de son regard de velours,*
> *Quand il se penche, quand il se penche, mes nuits sont blanches, et pour toujours...* ("Raphaël")

Cette strophe rappelle les meilleures évocations érotiques des poèmes de Barbara : "Toi", "A peine", "Vol de nuit"... on y retrouve l'emploi, fréquent et obsessionnel chez la Dame brune, du verbe "se pencher", du motif des hanches, de la locution prépositive "du bout de", de l'opposition entre les figures divines et les figures sataniques. Rappelons quelques vers de Barbara qui l'illustreront :

> *Est-ce Dieu, est-ce diable ou les deux à la fois [...] ?*
> ("Chapeau bas", 1961),
> *J'ai cueilli du bout des dents / La fleur de sa bouche*
> ("Le bel âge", 1964),
> *Tu me fais des nuits et des jours / Et des jours et des nuits d'amour* ("Toi", 1965),
> *Depuis elle me fait des nuits blanches [...] / Elle s'est enroulée à mes hanches* ("La solitude", 1967),
> *Je ne laisserai pas pencher sur notre lit / Ni l'ombre d'un regret, ni l'ombre de l'ennui* ("Parce que", 1967).

Barbara a revêtu, sans la vulgariser, une robe rouge d'amante : mante religieuse qui multiplie les conquêtes masculines et assume, au nom de la liberté, un comportement volage :

> "Bref" : *Les hommes, j'aime ça !*
> "Toi" : *J'ai beau connaître mon affaire*
> *Du boy-scout jusqu'au légionnaire*
> "Mes hommes" : *Ils me suivent pas à pas*
> *Je ne leur échappe pas*
> *Mes hommes, mes hommes*
> "Lucy" : *J'ai pas d'chance*
> *Avec les hommes*
> *J'ai tout essayé vraiment*
> *Du plus pâle au plus brillant*
> "Le soleil noir" : *Légère, si légère, j'allais court vêtue*
> *Je faisais mon affaire du premier venu*
> "Ma plus belle histoire ..." : *C'est vrai, je ne fus pas sage*
> *Et mes guerriers de passage*
> *A peine vus, déjà disparus.*

Avouons qu'il y avait là de quoi choquer les bonnes mœurs des années 60. Chargé en métaphores guerrières, cet amour vache se solde par une émancipation totale dans "Parce que" et "Amours incestueuses".

En 2002, Carla Bruni reprend ce costume de frivolité assumée ; sur 11 textes personnels, 8 contiennent clairement des références sexuelles ou tout au moins hédonistes. Parmi ceux-là, 2 chansons mettent en scène une désillusionnée de l'amour qui a fait vœu d'inconstance :

> *J'en connais tant tellement / Ca me prend tout mon temps,*
> *Et même ma maman qui m'adore tendrement,*
> *Elle me dit 'C'est pas bien, c' n'est pas bon tout ce rien,*
> *Reprends ton droit chemin* ("J'en connais")

> *L'amour... j'en veux pas. / Je préfère les temps en temps,*
> *Je préfère le goût du vent,*
> *Ou le goût étrange et doux de la peau de mes amants* ("L'amour")

Voilà pourquoi on pourrait parler d'un lyrisme échevelé. Barbara se dévoile dans ses chansons mais ce qu'elle met au jour, c'est moins son âme que son corps, dénudé et déchiré, encore vibrant de spasmes, de frissons et de sanglots. Carla Bruni se rapproche de ce credo, de ce créneau. Elle affiche même un joli goût de la provocation en composant une chanson qui pivote sur la lettre X (un peu comme le "Faxe-moi" de l'album testamentaire *barbara*, 1996) :

> *Y en a que ça excède. / D'autres que ça vexe.*
> *Y en a qui exigent / Que je revienne dans l'axe.* ("L'excessive")

Un autre titre de l'album, au parfum de scandale, évoque la nudité mais également l'hermaphrodisme. "Le plus beau du quartier" est une chanson d'homme ; Carla Bruni y joue le rôle d'un coq urbain, étalon imprenable qui fascine tous les regards :

> *Mais prenez garde à ma beauté, à mon exquise ambiguïté,*
> *Je suis le roi du désirable et je suis l'indéshabillable [...]*
> *Les beaux messieurs, eux, voudraient tellement m' déshabiller.*

Et dans *Lily passion*,1986, Barbara qui avait longtemps mélangé les cartes de la parité sexuelle, s'étonnait : "Qui est qui ? / Parmi tous ces travestis, cherchez la femme."

Deuxième parenté, un lyrisme spontané. Encore plus que dans le fond, c'est dans la forme et le style de l'écriture que des points communs s'établissent de la blonde à la brune. Par exemple, Carla Bruni construit toute une chanson ("Le toi du moi") sur un parallélisme autour des déictiques de 1ère et 2e personnes :

*T'es le sérieux, moi, l'insouciance, / Toi le flic, moi la balance*
*Toi le gibier, moi la potence / Et toi l'ennui et moi la transe,*
*Toi le très peu, moi le beaucoup, / Moi le sage et toi le fou,*
*Tu es l'éclair, moi la foudre, / Toi la paille... et moi la poutre.*

Barbara accuse le même goût pour les variations pronominales dans un grand nombre de chansons :

*C'est la guerre du toi et moi* ("Le temps du lilas", 1962)
*Et j'ai le mal d'amour, et j'ai le mal de toi*
("Dis, quand reviendras-tu ?, 1962)
*Je ne laisserai pas mourir au fil des jours*
*Ce qui fut toi et moi, ce qui fut notre amour*
("Parce que", 1967)
*Tu es la vague où je me noie / Tu es ma force, tu es ma loi*
("A peine", 1970).

Toutes les deux donnent *a priori* l'impression d'une grande élégance de plume : Barbara par ses emplois surannés du subjonctif imparfait ("Vous eussiez préféré, je vous retrouve là / Qu'il fût mort en héros", "Madame", 1968) ; Carla Bruni par un lexique soigné et métaphorique ("Peau de chagrin, peintre éternel, archange étrange d'un autre ciel...", "Raphaël"). Mais une observation plus minutieuse devrait davantage rendre compte de leurs audaces. Elles mélangent volontiers les niveaux de langue pour créer une oralité à part, spontanée sans pour autant être familière :

*On me dit que le temps qui glisse est un salaud,*
*Et que de nos chagrins il s'en fait des manteaux.*
("Quelqu'un m'a dit")

Le gros mot est en quelque sorte épongé par la métaphore, comme dans ces vers de Barbara, extraits de "La solitude" : "La garce, elle nous ferait même / L'hiver en plein cœur de l'été." Aucune des deux n'hésite à déranger la syntaxe pour donner une tonalité populaire à son texte :

*J'en connais des qui charment / Des qui me laissent femme*
(C. Bruni, "J'en connais")
*Les celles qui 'je l'ai bien connue' / Les celles qui ont de la vertu*
(Barbara, "Y aura du monde", 1967)

Elles poussent cette oralité jusqu'à utiliser avec abondance le discours direct. La plupart du temps, nous l'avons déjà signalé, le jugeant trop lourd, difficile à manipuler et à concilier avec l'exigence des rimes, les auteurs se contentent d'une simple mention de la parole sans rapporter fidèlement les paroles. Barbara et Carla Bruni accordent une grande importance aux mots qui ont été prononcés. Ils leur semblent un bon moyen de retrouver l'émotion ou de croquer rapidement la personnalité du personnage :

*Et ma pauvre maman se dit en soupirant : Qu'ai-je fait pour cela ? Est-ce de ma faute à moi, si ma fille est comme ça ?*
("J'en connais")

Confrontons avec la voix de la mère chez Barbara :

*Vous disiez : Pas une larme / Le jour où je n'y serai plus*
("Rémusat", 1972)

Les vers suivants sont même d'une identité troublante :

*Je lui dirai : Ecoute, laisse-moi juste une minute*
(Carla Bruni, "La dernière minute", 2002)
*Il a dit : Ecoute, j'entends les arbres craquer*
(Barbara, "L'amoureuse", 1968)

Les exemples fourmillent chez Barbara qui compte un répertoire plus étoffé et ils illustrent notamment le souci de la Dame brune d'identifier et de restituer les voix, celles des défunts ou celles des fugueurs, celles que la mémoire veut ou ne peut pas oublier. Or la voix grave de Raphaël participe à l'éloge que fait de lui Carla Bruni, comme semble aussi cruciale la voix dans la nuit qui certifie l'amour quand on n'y croyait plus :

*Mais qui est-ce qui m'a dit que toujours tu m'aimais ?*
*Je ne me souviens plus, c'était tard dans la nuit,*

*J'entends encore la voix, mais je ne vois plus les traits,*
*'Il vous aime, c'est secret, n' lui dites pas qu' je vous l'ai dit'.*
("Quelqu'un m'a dit")

On trouverait encore bien des similitudes dans l'univers des deux chanteuses : leur volonté d'interroger l'auditoire ("Serait-ce possible alors ?", "Dis, quand reviendras-tu ?", "A quoi bon ce tas de plaisirs ?", "Pour qui, comment, quand et pourquoi ?"), la symbolique des arbres, l'association des personnages masculins avec le soleil, les jeux de mots et de lettres, la présence des notes de musique, le motif de la vague ou l'utilisation de l'adjectif polysémique "drôle"...

Mais la parenté la plus manifeste entre les deux artistes revient indéniablement à la commune mise en scène de leur propre mort. Ce dernier argument, c'est le coup de grâce, l'estocade pour les aficionados de l'une ou l'autre chanteuse, qui souffriraient de leur gémellité. Chacune d'elles, à un âge pourtant précoce, a simulé sa "dernière minute", l'heure où les lampions s'éteignent et cela sans faire de pathos, mais en envisageant au contraire l'éternel repos sur une note gaie, rapide et franchement élogieuse à l'égard des choses de la vie. Pour Barbara, ange des ténèbres, les titres sont célèbres : "A mourir pour mourir", "Les insomnies", "Au bois de Saint-Amand" et "Y aura du monde". Au fil des évocations de ses propres funérailles, une trame se tisse pour faire de la Faucheuse une compagne de route, repoussante mais conviée tout de même, pour ne pas dire enviée. Barbara s'enfonce dans le noir définitif avec le sourire, la certitude d'avoir pleinement vécu ("J'ai vu l'or et la pluie [...] Et j'ai su à genoux / La beauté d'une rose", "A mourir pour mourir", 1964, Barbara a 34 ans) et le seul espoir de retrouver la paix. Carla Bruni termine son album par une chanson au rythme saccadé et qui ne dure qu'une minute pour justifier son titre. Elle n'hésite pas à s'imaginer dans un corps fatigué et vieilli, avec la même impudeur lucide qui caractérisait la Chanteuse de minuit :

*Quand la peau de ma vie sera creusée de routes,[...]*
*Quand il n'y aura plus rien qui chavire et qui blesse, [...]*
*Quand je verrai ma mort juste aux pieds de mon lit.*

La mort personnifiée et implacable n'apparaît pas aux deux femmes comme une figure redoutable. Elles n'ont pas de crainte face à elle et imposent avec conviction leur dernière volonté. C'est pourtant là que le parallèle s'arrête : alors que la brune est complaisante et satisfaite de "partir au plus beau", la blonde renâcle quelque peu et exige du "rab" :

*Juste encore une minute, juste encore une minute,*
*Pour un dernier frisson ou pour un dernier geste,*
*Pour ranger les souvenirs avant le grand hiver.*

Mais gageons que ces formules et ces désirs auraient rencontré un écho chez la pianiste et peut-être les aurait-elle enviés à la guitariste, avec sincérité et humilité.

**Auto-référence et associations**

L'intertexte des paroliers actuels peut également rester interne et relever de la simple (mais très efficace) suite. Il s'agit alors d'une intertextualité restreinte : à la manière des "bonbons" de Jacques Brel qui propose une seconde version ultérieure, des chanteurs comme Renaud ("La Pépette" puis "Le retour de la Pépette", 1982-1986) ou Sansévérino (André dans les trois albums de l'artiste, jusqu'à "André superstar", *Exactement*, 2006) créent des personnages récurrents d'un album à l'autre, avec le souci manifeste d'établir un continuum. Dans un même album, un personnage peut intervenir dans deux chansons différentes comme la Nina de l'A.C.I. Ours (fils d'Alain Souchon) qui propose sur l'album *Mi* (2007) le titre "Quand Nina est saoule" qui trouve un prolongement chronologique dans une deuxième occurrence "Nina se réveille". Cali dans l'album 2005 *Menteur* fait dans la chanson "La lettre" une énième évocation des amours tumultueuses chez des partenaires de génération différente (thème déjà abondamment traité par Barbara). A propos de la différence d'âge de sa compagne qui le délaisse, il précise : "C'est pas la même que l'autre fois, / Celle qui suçait des petits machins", faisant ainsi référence à son insulte dans "Tes désirs font désordre" sur l'album 2004 (*L'Amour parfait*) que nous signalions en deuxième partie. Ce procédé est repéré en littérature sous le nom d'autotextualité.

D'ailleurs cette autosuffisance, à la fois manière de se suffire à soi-même et indice d'une légitime prétention, trouve certainement son fondement, depuis les années 80, dans les regroupements de chanteurs, engagés dans la défense d'une cause humanitaire, et empiétant sur les créations particulières des uns et des autres. En France, en 1985, Renaud crée le mouvement "Chanteurs sans frontières" : plus d'une trentaine d'artistes, parmi lesquels Daniel Balavoine, Francis Cabrel ou Michel Berger, lancent aussi un cri d'alarme pour l'Ethiopie. En quatre mois, 2 millions de 45-tours sont vendus et les fonds récoltés, versés à "Médecins sans frontière". La même année, Coluche met sur pied les "Restaurants du cœur" et Jean-Jacques Goldman compose *La Chanson des Restos.* La tournée des Enfoirés et sa médiatisation audiovisuelle emporte depuis lors un considérable succès. Louis-Jean Calvet envisage tout le profit à tirer dans des articles du *Français dans le monde* (252, 263) de cette mise en commun des standards. La chanson française établit par ce biais sa propre anthologie et son échelle de valeur.

De même le duo d'artistes, sur le modèle de l'émission *Taratata* de Nagui, donne prétexte à des reprises, des dépoussiérages, des réactualisations qui vouent l'éphémère chansonnier à une soudaine et réjouissante pérennité. Ne peut-on pas aller jusqu'à dire que la nouvelle école de la chanson s'établit en légion ? Tout en revendiquant son évidente diversité, elle fait un corps dans lequel les individualités cèdent la place à une sorte de communautarisme bienséant. Le magazine *Chorus* (n° 49, Automne 2004, p. 120) titre un article de Bertrand Dicale "Le temps des copains" qui s'ouvre sur cet étonnant "marabout-bout de ficelle" : "Mano Solo sort un nouvel album à la rentrée, *Les Animals,* dont une chanson, "Botzaris", a été écrite et interprétée en compagnie des Têtes Raides. Les Têtes Raides sont plusieurs fois apparus, comme Dominique A, dans les concerts de Yann Tiersen. Yann Tiersen joue du clavecin sur la chanson "Qu'en reste-t-il" de l'album *Quelqu'un quelque part* de Pierre Bondu. Pierre Bondu apparaît dans les remerciements de l'album *Tout sera comme avant* de Dominique A. Dominique A chante avec Keren Ann la chanson "Veruca Salt et Frank Black" sur l'album *Kensington square* de Vincent Delerm. Vincent Delerm a plusieurs fois chanté en scène avec Jeanne Cherhal, qui fait les chœurs sur le premier album de Marc Delmas, monte un spectacle avec Matthieu Bouchet ou intervient régulièrement auprès d'Albin de la Simone. Albin de la Simone, avant de se consacrer plus largement à ses activités personnelles de chanteur, joue des claviers sur tout l'album 2000 de Mathieu Boogaerts. Mathieu Boogaerts fait les chœurs de "Natation synchronisée" sur -encore- l'album *Kensington square* de Vincent Delerm... [...] Résumons : chaque fois que l'on détaille le livret d'un album de ces jeunes chanteurs nés, grosso modo, après la mort de Maurice Chevalier, on croise d'autres chanteurs venus là en visite d'amitié [...], on a beau chercher, invoquer les camaraderies des cabarets de la Rive gauche ou les ferveurs partagées de la chanson engagée des années 60-70, on doit constater une des singularités de ce bel aujourd'hui : le temps des copains, sur scène comme sur disque, c'est ici et maintenant." Et cet entrelacement de patronyme fait effectivement penser à un titre de Dominique A sur l'album *Auguri* (2001), "Les chanteurs sont mes amis", dont les propos, même ironiques, semblaient prophétiques :

*Les chanteurs sont mes amis / Sur mon épaule ils sourient*
*Certains me font tant d'effet / Que ça n' va pas mieux après*
*Ce soir certains sont de sortie / Et comm' je suis chanteur aussi*
*Je les rejoins et on boit / Certains ne sav' fair' que ça*

Les associations et les comparaisons sont encore plus nombreuses et profondes que ce bref article ne le laisse soupçonner puisque les trentenaires des années 2000, au-delà d'un simple copinage, tissent une véritable toile de résistance, un réseau d'interférences et de "main forte" : Bénabar dit toujours du bien de Sansévérino, Carla Bruni prête ses textes à Louis Bertignac et interprète avec lui "Les frôleuses" sur le dernier opus de l'ex-Téléphone (2006), il lui rend en quelque sorte la pareille en assurant la conception de son deuxième album, en anglais, sorti en décembre 2006. Albin de la Simone se met en duo avec sa compagne Jeanne Cherhal pour une chanson de l'album 2005 *J'ai changé* ; celle-ci accompagnait déjà Aldebert pour la reprise d' "On n'est pas là pour se faire engueuler" (de Boris Vian) dans l'album *L'Année du singe* en 2004. Sur cet album, le titre "Quelle heure est-il ?" était enregistré en duo avec la chanteuse d'Amélie-les-crayons. Franck Monnet et Emily Loizeau forment un autre couple dans la Nouvelle Scène française. Gérard Manset a mis le pied de Raphaël à l'étrier ; puis celui-ci, promu par Jean-Louis Aubert, interprète la chanson "Sur la route" dans son deuxième album aux côtés de cette prestigieuse signature. Pauline Croze rejoint Arthur H pour interpréter "Sous le soleil de Miami" sur l'album live *Show time* (2006) ; le même Arthur H dans son album studio 2005 *Adieu tristesse* est rejoint pour le titre "Est-ce que tu aimes ?" par Mathieu Chédid. Balbino Medellin accompagne Mano Solo sur "Barrio Barbès" (*Les Animals*, 2004). Surtout, Cali revendique son inspiration de Miossec et fait publier à son côté une interview à deux voix (Bruno Cali / Christophe Miossec, *Rencontre au fil de l'autre*, Le Bord de L'eau éditions, 2006) ; dans *Menteur* de Cali, le deuxième titre reprend une chanson célèbre de Miossec "Je m'en vais" (*1964*, 2004).

Une chanson comme "Fan" de Pascal Obispo (*Fan*, 2004), outre qu'elle est par elle-même d'une impeccable composition, cite des textes de Michel Polnareff et leur accorde un statut de standards inoubliables qu'à mes yeux ils n'avaient guère auparavant. Du coup, on voit bien que les associations fraternelles de chanteurs peuvent se situer dans l'intergénérationnel. Ainsi en vont les duos qu'a initialisé Johnny Hallyday jusqu'aux tout derniers albums de Françoise Hardy (*Parenthèses*, 2006) ou de Michel Delpech (*&*, 2007) dans lesquels ils reprennent plusieurs de leurs titres avec des interprètes au succès plus récent. Ce sont aussi des associations créatrices comme celles de Benjamin Biolay avec Henri Salvador ou Juliette Gréco. La comédie musicale du *Soldat rose* et notamment son single commercial "Love, love" mettent face à face deux générations (d'autant plus que les Chédid, père et fils en sont à l'initiative) : d'un côté Cabrel, Souchon, Louis Chédid et de l'autre Bénabar, Jeanne Cherhal, Sansévérino et bien sûr M. En 2003, Julien Clerc sur l'album *Studio* s'accompagnait de Carla Bruni pour la chanson "Qu'est-ce que tu crois ?". Et Salvatore Adamo sur son album *La Part de l'ange* (2006) s'allie à Olivia Ruiz pour une chanson gouailleuse "Ce Georges" à laquelle le "gendre idéal" de la chanson des années 60 nous avait peu habitués avec ses textes léchés ("Inch alla") ou ultra moralistes ("Vous permettez, Monsieur"). Il faut croire que la voix nasillarde et les intonations expressives de la jeune Olivia lui ont inspiré une chanson plus décalée et plus farfelue que d'ordinaire. Adamo, auteur et compositeur, y fait d'ailleurs une référence très moderne à George Clooney (donc à un motif télévisuel contemporain) et une allusion très explicite à Charles

Aznavour et sa chanson "Tu t' laisses aller" : Double fraternité dans la fraternité...

C'est néanmoins le plus souvent à un communautarisme générationnel que la Nouvelle Scène française s'adonne volontiers : Bénabar, "petit trent'naire", qui brosse les attitudes et les déconvenues des trentenaires de l'an 2000 ("Bon anniversaire", *Bénabar*, 2001), Aldebert qui décrit leur nostalgie dans un titre qui les stigmatise "Adulescent" (*L'Année du singe*, 2004) et davantage Vincent Delerm qui rappelle et énumère les souvenirs communs de cette même génération dans "Les filles de 1973 ont trente ans" ou dans "Natation synchronisée" : "Nos histoires d'amour sont les mêmes / Comm' si nous avions pratiqué / Dans des piscines parallèles / La natation synchronisée // Nous avons cru faire une transat / En solitaire mais à la place / Nous ne dessinons sur l'asphalte / Qu'un ballet d'Holiday on ice" *(Kensington Square*, 2004).

Et cette mélancolie de la génération des trentenaires peut évoluer vers une dépression caractérisée chez Florent Marchet ("J'ai 35 ans", *Rio baril*, 2007), Miossec ("Trente ans", *L'Etreinte*, 2006) ou Cali : "Et la nuit s'avance vers mes 32 ans / Je crois que je ne suis plus fou / Nu face au miroir j'inspecte ce corps / Usé fatigué mais debout / Tout va bien." ("Tout va bien", *L'Amour parfait*, 2004).

Cette espèce de solidarité professionnelle, qui passe aussi par un mal de vivre existentiel, s'exerce depuis son origine dans le rap : "L'existence de 'dédicaces' écrites ou rappées, souvent longues et chaleureuses couplée à la pratique des *featuring* [souvent abrégés en *feat*, invitation d'autres rappeurs sur un morceau] démontre que le rap constitue un mouvement résolument collectif, du moins dans son organisation" (Mathias Vicherat, 2001, *op. cit.*, p. 104-5). Derrière une tendance à l' "ego trip", à la subjectivité partiale, à l'exacerbation du "moi", le rap est symétriquement poussé par une volonté créatrice commune et communautaire. Il exprime très souvent les aspirations et les ambitions d'un groupe, d'une génération :

> *Le jour se lève sur notre envie de vous faire comprendre à tous que c'est à notre tour*
>
> (vers 2 et antépénultième, "Le jour se lève", *Midi 20,* 2006, Grand Corps malade).

Et les producteurs ne s'y trompent pas et ils s'engouffrent depuis 2005 dans cette mode fraternelle de la Nouvelle Scène française en proposant au public des compilations sommatives (*La Nouvelle Chanson française*, en 5 albums, sortis en juin 2007 chez "Wagram Music", ou *Europe 2 Nouvelle Scène*, en mars 2007, chez "Tôt ou tard") ou des compilations thématiques (*Paris*, en avril 2006 chez "Putumayo World Music", un label new yorkais, *Zic de zinc*, en deux albums, sortis en mai 2006 et février 2007 chez "Wagram Music", *Les P' tites qui piaffent*, en novembre 2005 aux Productions Spéciales).

**Méta chanson**

Mais le titre précédent de Grand Corps Malade me suggère un autre signe important que la chanson s'adoube elle-même : c'est qu'en effet ces dernières années elle accepte de parler d'elle, de s'établir en propre sujet de son inspiration et surtout d'évoquer les conditions de l'artiste, son mode de recrutement, de création, de vie. J'en veux pour preuve la parabole de Christophe Willem, vainqueur de l'émission de M6 *Nouvelle star*, cru 2006, dans le titre "Elu produit de l'année" (écrit par Matthias Debureaux et Bertrand Burgalat, extrait de l'album *Inventaire*, 2007).

Depuis longtemps, il est vrai, le créateur parlait de sa création, se projetait en train de produire, renvoyait de lui une image d'artiste ; ne serait-ce que par sa présence autobiographique, il n'était pas rare qu'il signale, au détour d'un texte qui pouvait par ailleurs avoir un registre lyrique ou bien engagé, sa plume, sa guitare, son piano, sa voix ou son auditoire : Barbara, Cabrel, Renaud ("En cloque", "Morgane de toi", "Mistral gagnant", "C'est quand qu'on va où", "Elle a vu le loup", "Docteur Renaud, Mister Renard") en donnent maints exemples. Un modèle fameux serait "Ma chanson leur a pas plu" (*Morgane de toi*, 1982) de Renaud : en effet la "chanson" est constituée des diverses tentatives du parolier pour trouver l'interprète convenable et consentant ; successivement Jean-Patrick Capdevielle, Bernard Lavilliers et Francis Cabrel sont sollicités mais aucun n'accepte les synopsis que Renaud leur présente. Du coup, la chanson achevée est justement cette suite d'échecs humoristiques et le produit fini, le contenu, renvoie à la fabrication elle-même, effet spéculaire qui renvoie aux mises en abyme littéraires les plus réussies.

Mais une étape supplémentaire se franchit avec des chansons où l'artiste apparaît avec son costume de scène complet et le sujet n'est plus traité que pour cette seule fonction. Chanteur, de pied en cap, il le devient exclusivement et surtout l'intégralité du texte se consacre à le décrire : "Quand j'étais chanteur" de Michel Delpech, "Le chanteur" de Daniel Balavoine (1979), "Il jouait du piano debout" de Michel Berger (1982), "Quand j'serai K.-O." d'Alain Souchon (1988), "Femme piano" de Barbara (1996). Par ce phénomène, la chanson prend un statut réflexif et propose des titres prestigieux quand elle ne fait pourtant qu'évoquer sa cuisine interne. C'est tout l'art des grands arts de faire des œuvres magistrales en se contentant de se regarder le nombril : Gide et *Les Faux-monnayeurs*, François Truffaut et *La Nuit Américaine*... Et pour en revenir à "Fan" de Pascal Obispo, on pourrait citer plusieurs chansons qui évoquent ce statut indigne de la groupie pour mieux le redorer : "La groupie du pianiste" de Michel Berger, "Rentre chez toi" de Francis Lalanne, "Suzie" de Francis Cabrel (*Sarbacane*, 1989), "Petite" de Renaud (*Putain de camion*, 1988), "La Fan de sa vie" de Zazie (*La Zizanie*, 2001).

**Thématiques communes**

Est-ce seulement un phénomène de mode ? A côté du thème traditionnel en chanson de la rupture amoureuse, filon qu'exploitent avec des variations originales et réjouissantes des chanteurs comme Miossec ("La facture d'électricité", *L'Etreinte*, 2006), Cali ("Le grand jour", *L'Amour parfait*, 2005) ou Da Silva ("L'indécision", *Décembre en été*, 2005, "Tout va pour le mieux", *De beaux jours à venir*, 2007), ce sont aussi des sujets innovants et traités en commun sur lesquels plusieurs artistes s'essaient, comme pour assurer un ultime lignage entre eux. Le *topos* des photos, qui correspond évidemment à la pratique très actuelle des appareils numériques, des téléphones mobiles et de l'ordinateur privé, phénomènes sociaux et technologiques, se répand chez plusieurs auteurs, exploité à des fins différentes : plutôt nostalgiques chez Patrick Bruel ("Place des grands hommes", *Alors regarde*, 1988), Aldebert (début de "La norme et la marge", *L'Année du singe*, 2004, et "L'album photo", *Les Paradis disponibles*, 2006), plutôt satiriques chez Bénabar ("Les épices du souk du Caire", *Reprise des négociations*, 2005), Jeanne Cherhal

("Les photos de mariage", *12 fois par an*, 2004), Vincent Delerm (la photo de Fanny Ardant, *Vincent Delerm*, 2002, l'album de mariage avec la chemise rayée du maire dans "Anita Pettersen", *Kensington Square*, 2004) ou les Fatals Picards (une "photo prise à Space Mountain" pour ridiculiser le personnage dans "Française des jeux", extrait de *Pamplemousse mécanique*, 2007).

Bien évidemment le téléphone devient un support indispensable de toutes ces chansons au déroulement de conversation, comme chez Diam's justement à la fin de "Confession nocturne", que nous évoquions précédemment : "Porcelaine" de Bénabar (*Bénabar*, 2001), "Vade rétro téléphone" de Bénabar (*Les Risques du métier*, 2003), "Tu peux compter sur moi" de Bénabar (*Reprise des négociations*, 2005), pour ne citer que les utilisations qu'en fait un même auteur. Les abus de ce faux support relationnel sont parfaitement satirisés dans "Mon cœur, mon amour" d'Anaïs (*The Cheap show*, 2005).

Curieuse mise en écho des titres également ! Par une espèce de réaction à ce développement technologique des photographies et des téléphones "portables" apparaît un retour des vertus dramatiques de l'épistolaire. Est-ce un hasard si Cali dans son deuxième album (*Menteur*, 2005) propose en dernier morceau une chanson intitulée "La lettre" et si l'année suivante, dans son quatrième album (*Les Paradis disponibles*, 2006), Aldebert propose également "La lettre" en treizième et dernier titre ? Les deux chansons sont des complaintes sur des amours désabusées, dans lesquelles les aveux sont douloureux. Renan Luce, pour son premier album (*Repenti*, 2006), obtient le succès notamment grâce au single "La lettre", dans lequel une missive reçue par erreur fait fantasmer le canteur et lui fait découvrir en haut d'une falaise une compagne potentielle et son bébé à naître. C'est également le premier titre de l'album *9* de Lara Fabian (2005) ou de l'album *Tire-toi une bûche* du groupe Mes Aïeux (2007). Sans doute ce retour de l'épistolaire prend-il plus largement sa place dans une espèce de religion du Kitsch, dans la complaisance des artistes à se baigner dans un passé de l'enfance et de l'adolescence qu'il soit heureux ou malheureux : nous avons cité des titres (et nous en ajoutons encore d'autres) comme ceux de Florent Marchet ("Il fait beau", "Notre jeunesse", *Rio baril*, 2007), Vincent Delerm ("Les filles de 1973", "Natation synchronisée", "Le baiser Modiano", *Kensington square*, 2004), Bénabar ("Maritie et Gilbert Carpentier", "Le cahier de solfège", *Reprise des négociations*, 2005), Aldebert ("Mon père ce héros", *Les Paradis disponibles*, 2006), Renan Luce ("Mes racines", *Repenti*, 2006), Rose ("Ciao bella", *Rose*, 2006), Balbino Medellin ("Quand j'avais quinze ans", *Gitan de Paname*, 2006), Grand Corps Malade ("Midi 20", *Midi 20*, 2006)... Mais cet ancrage nostalgique est forcément lié avec le choix de plus en plus ostensiblement autobiographique de leur inspiration.

Autre thématique incontournable : ce serait celle de la description trop minutieuse d'un quotidien très anecdotique et par conséquent jugé comme assez trivial. C'est ce point commun (que tous ne partagent pas d'ailleurs) qui a valu aux grands contemporains les foudres de la critique. Une bonne partie de la bande dessinée de Luz (*J'aime pas la chanson française*, 2007, éd. Hoëbeke, Paris) met en scène un Vincent Delerm "enragé" portant toute son attention sur des banalités consternantes. Or est-ce si farfelu qu'en 2004 à la fois Amélie-les-crayons ("Le blues des ragnagnas", *Et pourquoi les crayons ?*) et Jeanne Cherhal ("Douze fois par an", *Douze fois par an*) s'intéressent aux menstruations et prennent le parti d'en révéler comiquement les désagréments ? Tout n'est-il pas prétexte à rire ? Et le rire ne permet-il pas des prises de conscience ? Ce qui fait justement le charme du réalisme social des chanteurs à textes des années 2000, c'est leur souci du détail quotidien, banal, peut-être trivial, qui va permettre d'épingler les comportements, de fixer les états d'esprit et de suggérer poétiquement une psychologie. Ainsi, comme au cinéma, la chanson "Monsieur René" de Bénabar (*Les Risques du métier*, 2003) commence sur le gros plan d'une friandise qui surplombe pauvrement le gâteau du personnage : "Bonne retraite en sucre". Comme il le dit lui-même dans son premier titre à succès : " Y'a des détails qui trompent pas" ("Y'a une fille qu' habite chez moi", *Bénabar*, 2001). Cette formule pourrait servir d'enseigne à toute une partie de la création contemporaine. Et de fait, cette chanson-là fait l'énumération des petits riens qui prouvent une présence féminine dans un intérieur : "Boules bizarres pour parfumer la baignoire", "dans la cuisine, des sachets de thé, de camomille", "message de la mère sur le répondeur", "aspirine dans la table de nuit", "aspirateur encore chaud"... Au-delà du réalisme, ce détail emblématique cherche à faire sourire l'auditeur ; en figeant les personnages dans une attitude, il fonctionne automatiquement comme un trait caricatural : ce sont les motards qui "te font bonjour avec les pieds" dans "Les embouteillages" de Sansévérino (*Le Tango des gens*, 2001) ou les chiens à la "truffe aventurière" qui viennent déranger la paisible "Balade du dimanche" pour Renan Luce et obliger le promeneur à "protéger ses arrières" (*Repenti*, 2006). Elément satirique, le détail est aussi par sa simple suggestion un élément d'authenticité et de connivence avec l'auditeur.

Mais le thème que je voudrais retenir comme particulièrement représentatif de cette génération serait celui de l'invitation au voyage : Kaolin ("Partons vite", *Mélanger les couleurs*, 2005), Louise Attaque ("J' t'emmène au vent", *Louise Attaque*, 97, "Si l'on marchait jusqu'à demain", *A plus tard crocodile*, 2005), Raphaël ("Caravane", *Caravane*, 2005). On pourrait certes arguer que c'est un thème rebattu et que la variété des années 60-70-80 l'a exploité plus souvent qu'à son tour ("Viens sur la montagne" de Marie Laforêt, "Viens, je t'emmène" de France Gall, "Les yeux noirs" d'Indochine, etc.). Pourtant les époques antérieures proposent des utopies stériles, bucoliques ou imaginaires. Elles trouvent d'ailleurs des continuateurs idoines dans des textes vagues et naïfs comme "Là où je t'emmènerai " de Forent Pagny (*Abracadabra*, 2006) et encore plus récemment "Là où je pars" d'Emmanuel Moire (*Là où je pars*, 2006) et "Destination ailleurs" de Yannick Noah (*Charango*, 2007). Ces balades à l'eau-de-rose, formatées pour le succès (que musicalement elles méritent certainement d'ailleurs) n'utilisent le projet de voyage ou la promesse de départ que pour leurs vertus romantiques et exotiques, sans chercher à leur donner un ancrage social ou psychologique.

En revanche, les textes auxquels nous pensions plus haut ont la particularité d'instaurer un climat d'urgence, fondé sur une contestation de l'inertie ou une constatation pessimiste du lieu à fuir :

*J'ai manqué d'air je m'en souviens,*
*Toutes ces années sans toi sans rien*
*Même mes chansons se baladaient*
*Le cœur lourd* ("Partons vite", Kaolin)

Il y a péril en la demeure et l'interlocuteur sollicité pour l'évasion n'est plus une silhouette lointaine, générale et diffuse mais au contraire un acteur déterminé, figure réelle qu'il s'agit de convaincre et dont la résistance est à dissoudre : "Et nous partons, allez viens" ("Caravane", Raphaël), "Notre amour est éternel et pas artificiel" ("J' t'emmène au vent", Louise Attaque), "Ca paraît possible en apparence / Possible, si tu veux bien" ("Si l'on marchait jusqu'à demain", Louise Attaque). Elles ont quelque chose à voir avec l'impératif bref mais éloquent de Jacques Higelin dans "Pars et surtout ne te retourne pas".

Concluons avec Lucienne Bozzetto :

> *La chanson, nourrie de stéréotypie* [aussi bien le moule du refrain, que la répétition de la rime, que les emprunts à la langue orale, que les interférences et les associations], *fondamentalement dialogique, adressée à qui veut bien l'entendre et la reprendre, toujours recréée par les circonstances, les contextes et les sensibilités de l'interprète et des récepteurs, a par nature vocation à transmuer cette stéréotypie en proposant, au sens fort du terme, un espace partagé.* (op. cit., p. 278)

## Statut de l'album

Dans cette même perspective d'affirmation et de décomplexion, nous pourrions évoquer le relativement récent enjeu accordé au statut de l'album dans la production des A.C.I. (auteur, compositeur, interprète). Beaucoup ont, semble-t-il, compris l'intérêt qu'ils pourraient tirer de traiter l'album comme un recueil, c'est-à-dire comme l'étape intermédiaire et nécessaire entre la chanson (pièce unique) et l'œuvre. En effet, le recueil de poèmes est une forme longue dont la nécessaire architecture d'ensemble assure à chaque poème une cohérence par la place qui lui est assignée. Comme la pièce d'un puzzle, grâce à la cohésion du recueil, le poème se trouve pourvu, spatialement et temporellement, d'un avant et d'un après. Par la linéarité de la lecture, à l'instar de l'écoute en continu d'un album musical, ce qui se trouve avant le poème en constitue le socle ou la source, ce qui est derrière en devient une suite et un prolongement. Or jusque-là, la quantité de textes épars, sortis uniquement en 78 ou 45 tours, puis en CD-2 titres, était loin d'être négligeable dans une carrière. Le titre autonome se voyait après-coup intégré à un album ultérieur de manière contingente ou devenait tout simplement indisponible et restait à l'état de satellite dans la production complète du poète chanteur. L'album (de 8 à 14 chansons avec une prédilection pour les 10 ou 12 titres) qui regroupe ces pièces distinctes que sont les chansons permet de donner une orientation aux textes inclus : en les regroupant, il les coalise et les fait fonctionner comme des pièces de puzzle, dont la vraie signification n'est obtenue qu'à partir de la constitution achevée. C'est l'image finale qui fait découvrir le sens réel de la pièce. Bien sûr, cette coalition de chansons trouve sa forme la plus étroite dans l'album-concept : *Lily passion* de Barbara (1986), *Rose Kennedy* de Benjamin Biolay (2001), *Le Soldat rose* de Louis Chédid (2006), ainsi que toutes les comédies musicales que la fin des années 90 ont vu fleurir. Mais il me semble plus important de montrer que l'unité est recherchée dans des albums où seule la concomitance des textes semble *a priori* ce qui a présidé à leur regroupement.

D'ailleurs, la désignation de l'album par un titre générique est relativement récente et si elle ne devient majoritaire qu'à la fin des années 60, ce n'est qu'au cours des années 90 qu'intervient l'idée d'offrir à l'album un titre différent (et significatif) de l'une des chansons qu'il contient. Ainsi en 1989, ce qui est précoce, Noir Désir donne à son album un titre provocateur et fondé sur un jeu de mots, qui semble déjà s'adresser au public : *Veuillez rendre l'âme à qui elle appartient*. Jusque là, il a donc semblé commode que ce produit éclectique et d'une difficile thématisation s'intitule comme sa chanson phare. Mais une étape supplémentaire dans la conceptualisation des albums s'est opérée avec ce besoin d'un titre autonome et original, qui le personnalise comme une somme homogène. L'attribuer, le choisir, cela demande de toute façon un effort de recherche, un souci de recul, une mise à distance de l'auteur interprète. C'est le cas d'Albin de la Simone qui intitule son album 2005 *J'ai changé* alors que le titre de la première chanson est "Je vais changer"… ironie ou prophétie ?

Du côté des auditeurs, ce titre générique crée du mystère et met en activité une quête de sens. Par exemple, alors que les deux premiers albums d'Aldebert (*Plateau Télé* et *Sur place ou à emporter*) sont aussi le titre de l'une de leurs pièces, les deux suivants, *L'Année du singe* et *Les Paradis disponibles*, ne sont en liaison apparente avec aucun des textes qui les compose. *Tu vas pas mourir de rire*, titre de l'album 2003 des Mickey 3d, n'est pas le titre d'une chanson mais l'un des vers du refrain de "Respire", la chanson phare de l'album. En devenant l'enseigne de l'album, il change de contexte et de sens : il peut devenir une mise en garde du public vis-à-vis de l'album complet, qui, il est vrai, contient plusieurs chansons défaitistes. De même, Clarika titre son troisième album *La Fille, tu sais* (2001). Il s'agit ici d'un titre de l'une des chansons mais en choisissant celle-là plutôt qu'une autre, Clarika en désolidarise le titre ; en devenant l'enseigne de l'album, il se met donc en référence avec la chanteuse plutôt qu'avec le personnage de la chanson et semble désigner Clarika comme une fille que l'on connaît sans en savoir le patronyme. Il devient une phrase potentielle dans la bouche des auditeurs. Même cas pour un titre du groupe Amélie-les-crayons comme *Et pourquoi les crayons ?* (2004) : il cherche indéniablement à entretenir ce dialogue avec le public, cette "négociation", comme nous en parlions précédemment. Et il serait justement judicieux de citer les titres ingénieux de Bénabar, *Les Risques du métier* et *Reprise des négociations*, comme des illustrations de cette recherche d'un sens unique et collectif pour les albums. D'ailleurs, ces titres, et il faudrait ajouter *Non homologué* (1985), titre isolé et précurseur de Jean-Jacques Goldman, *Epures* de William Sheller (2004), *Chapitre 7* (2007) de M.-C. Solaar, *Les Chansons perdues* (2007) de Mick est tout seul, maître d'œuvre du groupe Mickey 3d et bien d'autres, ces titres peuvent sembler des emplois métatextuels dans lesquels l'artiste jalonne et balise sa carrière ou la décrit par une formule métaphorique, telle qu'il se représente son parcours chansonnier au moment de la parution de ce morceau de son œuvre. L'utilisation assez fréquente du pluriel témoigne, comme pour les recueils de poésie, que ce titre cherche à décrire d'une manière globale les chansons que contient l'album. Cette étiquette peut ressembler à une sorte d' "art poétique", en tous les cas elle a quelque chose à voir avec un contrat esthétique que l'artiste passe avec son auditeur privilégié : l'album au titre célèbre de Juliette *Mutatis mutandis* (2005) pose l'énigme de sa traduction puis suggère des changements, des évolutions, que le public est convié à vérifier par une écoute attentive. Benjamin Biolay en titrant son dernier album *Trash Yéyé* (2007) nous fait attendre un mélange des genres qui suscite forcément la curiosité et inscrit cet opus dans une tendance *a priori* innovante.

Et de fait, l'album agit aussi comme étape de référence dans la carrière complète de l'artiste : il permet de rendre cohérente et progressive la démarche créative du poète, exactement comme l'ensemble des recueils de poèmes d'un même artiste peut être étudié sous l'angle de la comparaison / confrontation. C'est l'impression que veut donner M.-C. Solaar en titrant son septième et dernier album *Chapitre 7* (quand le précédent s'intitulait *Mach 6,* 2003, et l'antépénultième *Cinquième as*, 2001).

Ainsi, l'album testamentaire *barbara* de Barbara, qu'elle produit un an avant son décès, en novembre 96, réactive le thème de la marche particulièrement intensif dans toute son œuvre : il démarre par une chanson autobiographique qui évoque le souvenir douloureux d'un maquisard qui marche vers sa mort, un dimanche, en novembre. A rebours, le dernier titre de cet album reprend un poème plus ancien "Les enfants de novembre", qui marchent vers la lumière, chanson créée en hommage aux mouvements étudiants de 1987. Cet ultime album qui contient à la fois la prémonitoire complainte "Fatigue", un texte sur l'hospitalisation "Le couloir" mais aussi la chanson "Le jour se lève encore", affiche par ce mouvement vers l'espoir un optimisme forcené.

Citons encore Louise Attaque pour son dernier album *A plus tard crocodile* (2005) : 18 titres qui retombent à 12 chansons : 1 et 2 identiques, 8, 15 et 16 se répondent, 11, 14 et 17 sont seulement musicales. On sent que la volonté du groupe a été de dynamiter la structure ordinaire. Ca semble la même volonté chez Camille pour l'album *Le Fil* (2005) qui propose également 18 titres dont trois sont en interférence : "Janine 1", "Janine 2", "Janine 3". Cette démarche étudiée de la construction de l'album marque une nouvelle étape dans la manière dont les chanteurs paroliers s'affirment en tant que poètes réfléchis. Sur l'album de Louise Attaque, les textes sont calligraphiés de la main de l'écrivain Gaétan Roussel, comme l'étaient déjà les textes de Stéphane Sansévérino pour *Le Tango des gens* en 2001 ou de Francis Cabrel pour l'album *Hors-saison* en 1999.

C'est un véritable mouvement d'appropriation créatrice qui gouverne la composition de l'album *Midi 20* de Grand Corps Malade (2006). Dans les seize chansons qu'il contient, on retrouve d'abord l'alternance classique et commerciale des chansons douces avec les chansons plus enlevées : après le duo avec Rouda, "Parole du bout du monde" très lent, le rapide "Attentat verbal" précède la chanson mélancolique "Les voyages en train", onzième titre. Le douzième est alors le mécanique "J'ai oublié", fondé sur un parallélisme matriciel qui en pulvérise le débit, et ce juste avant un texte descriptif *a cappella* "Vu de ma fenêtre". D'autres astuces président à la disposition des titres : "Sixième sens" est à la sixième place, les deux duos sont en 5 et 9, mais aussi "Midi 20" en 4 et "Rencontres" en 14 miment tous deux un récit de vie, "Midi 20" en synthétisant la jeune existence du slameur en une matinée, "Rencontres" en évoquant cette existence comme une marche au cours de laquelle le jeune homme évoque des allégories ; ces deux titres disposés en symétrie partent et parlent de l'enfance et ils sont les seuls de l'album à le faire. La dernière chanson "Toucher l'instant" procède à une espèce de conclusion et cite des titres présents en amont dans l'album ("Paroles du bout du monde" notamment). Enfin et c'est surtout cela qui fait de cet album une sorte de manifeste, le premier titre annonce, comme nous le disions précédemment, un éveil collectif de ce genre musical et poétique : "Le jour se lève sur notre envie de vous faire comprendre à tous que c'est à notre tour" (vers 2 et antépénultième, "Le jour se lève"). Par une espèce de pied-de-nez à l'auditeur, cette première chanson finit par un vers au passé composé qui entérine cette nouvelle journée et ce nouveau départ culturel : "Mais notre jour s'est bien levé, dorénavant il sera difficile de nous faire taire." A la suite, la plupart des titres vont évoquer le slam en tant que courant collégial et la poésie rimée comme leur élan vital ; par exemple, le deuxième titre propose une visite dans Saint-Denis, le dixième "Attentat verbal" parle au nom du groupe et en présente les activités :

*C'est quoi, c'est qui, ces mecs chelous qui viennent pour raconter leur vie*
*C'est elle, c'est lui, c'est moi, c'est nous, on vient même si t' as pas envie*
*Mais si t' écoutes un tout p' tit bout, p't-être bien qu' t' en sortiras ravi.*

Alors, au passé composé, le dernier titre pourra constater :

*On a trempé notre plume et est-ce vraiment une hérésie*
*De se dire qu'on l'assume et qu'on écrit de la poésie ?*
("Toucher l'instant")

La présence des titres cachés montre aussi le grand intérêt que la nouvelle génération accorde à cette pièce de leur création, à la fois œuvre close et étape. Citons pour exemple l'album *Sur place ou à emporter* d'Aldebert (2003), *Les Paradis disponibles* du même Aldebert (2006), *C* de Calogero (2002), *Tu vas pas mourir de rire* de Mickey 3 D (2003) ou *Reprise des négociations* de Bénabar (2005), celui-ci insérant sans en référer sur le sommaire de la jaquette, la chanson "Christelle est une ordure", titre réjouissant qui imite les regrets de Victor Hugo dans le poème "Vieille chanson du jeune temps", s'appuie sur le film de Jean-Marie Poiré *Le Père Noël est une ordure* et cite des célébrités comme Michèle Pfeiffer. La pratique des titres cachés trouve même des détournements heureux chez les Fatals Picards qui en proposent 16 sur leur album 2005 (*Picardia Independenzia*). Toutes ludiques, ces chansons sont alors appelées "Pistes mal cachées" et l'on y retrouve des textes humoristiques comme "Monter le pantalon" (en évidente symétrie parodique avec le titre du groupe marseillais Zebda), "Nathalie" ou "La ferme".

Par cette exigence d'une étape intermédiaire entre la chanson, texte court, et l'œuvre intégrale, souvent monumentale, par ce soin accordé à une couleur d'ensemble, à une unité thématique, à un stade d'inspiration, la chanson, œuvre culturelle, prend véritablement son statut d'œuvre d'art (intégrant d'ailleurs pour la constitution d'un album des soucis esthétiques liés à la photographie, l'iconographie, la calligraphie…).

C'est peut-être un détail pour vous mais pour moi, ça veut dire beaucoup. Cela veut dire que les paroliers revendiquent leur statut de créateur et comptent bien continuer de donner à la chanson française la place artistique particulière qu'elle a commencé de prendre à la fin des années 40. Place qu'un musée (mémorial, panthéon…) de la chanson française devrait depuis bien longtemps consacrer…

Comme je le disais en préambule de cette étude généraliste, il serait difficile d'apporter une conclusion franche à tant de constatations éparses. La création actuelle tend au kaléidoscope et malgré l'étiquette commode de Nouvelle Scène française, on sent bien que des voix distinctes se font entendre et que des particularismes persistent. Il n'en demeure pas moins que tout en évitant l'uniformité, et en suivant des choix musicaux différents, les artistes contemporains se mettent au diapason sur quelques fondamentaux : respect très relatif des codes prosodiques, jeu avec certains schémas convenus, décomplexion vis-à-vis du beau langage et du bon usage, interférences avec les modes audiovisuelles, souci du détail réaliste, goût des emprunts, des slogans, des néologismes, respect d'un patrimoine et quête d'une intertextualité générationnelle, travail d'architecture à travers les albums, jeux autour de l'ellipse et autour du discours, instauration d'une proximité particulière avec le public qui passe, au-delà de l'émotion, par la connivence. Ainsi, ce que nous sommes convenus d'appeler le "popularisme" de la chanson actuelle s'expérimente par tous les moyens dont dispose ce genre oral sous contrainte.

Un article humoristique de Vincent Labelle, en date du 22 juin 2007, sur le site Internet d'information "i/subway" résume cet apparent éclectisme de la Nouvelle Scène française par cette suite de paradoxes :

> *Des trentenaires sentimentalement déçus, à fleur de peau, grands enfants, excités chroniques, ou bien amateurs de bons jeux de mots ou de phrases érotiques, ce grand tout là, et encore bien peu de choses, représente la Nouvelle Scène française.*

Si l'on couple cette description avec des reproches, parfois justifiés, qui les épinglent comme des tristes sires, englués dans l'anecdotique et qui saturent leurs chansons de leurs tracas quotidiens, on n'aura finalement assez finement cerné les *topoi* de la création actuelle ; ce qui tend à prouver d'ailleurs qu'elle a une bonne capacité à s'unifier et à faire école ou à faire flores, pour le dire au moyen d'une tournure plus volatile.

Mais une analyse stylistique a permis de mettre au jour que les artistes de l'an 2000 s'ancrent envers et contre tout dans une observation sociale et réaliste qui ne perd jamais de vue une mise en dérision et un sens du ludique. Or le jeu, c'est se donner, hors de la réalité, des règles organisées, c'est endosser des rôles occasionnels. Et c'est peut-être ce qui nous rend si indulgents vis-à-vis de certaines carences vocales des nouveaux chanteurs. Saturés par les voix puissantes qui ont émergé dans les années 90, nous reconnaissons et finalement apprécions dans la Nouvelle Scène française des artistes qui ne se prennent pas au sérieux, qui ne cherchent pas la vocalise à tout prix et qui refusent d'être des "chanteurs à organe". Par cette impuissance notoire à coller à l'image vocale du chanteur traditionnel, ils se démarquent d'une posture ambitieuse, du genre "professionnels de la profession", selon la formule moqueuse de Jean-Luc Godard. Ils accentuent la spontanéité de leurs textes en assumant le fait qu'ils n'ont pas la voix la mieux adaptée pour les chanter. Du coup, ils perfectionnent leur diction et offrent une interprétation vocale originale et désinvolte. Pour Joëlle Deniot, ils nous proposent "les chansons de l’homme qui assiste au spectacle de sa vie, privilégiant la distanciation" (site "www.chanson-realiste.com", article "Aventure et identité").

Comme dans les arts plastiques contemporains ou une grande partie de la poésie moderne, ce qui semble caractériser tout particulièrement la chanson française, c'est l'humour, ou tout du moins une certaine décontraction, une tentation vers le jeu, voire le jeu de rôles. Et c'est peut-être cela qui l'affilie davantage à des prédécesseurs comme Nougaro, Gainsbourg, Souchon ou Thomas Fersen plutôt qu'à la très digne génération des Brel, Ferré, Barbara. Même le rap, si peu enclin à la légèreté avec ses fanfaronnades et ses jérémiades, se revendique comme un mouvement qui joue avec le langage et le rythme, avec les formes et les canons, avec les modes et les modèles.

C'était d'ailleurs pour moi un parti pris d'honnêteté que d'intégrer une réflexion sur le rap, la variété ou le rock dans cette haute vague déferlante de la chanson française des années 2000 qui bouscule ses frontières et ne peut plus se résumer et se réduire à la seule écume de la chanson à textes.

Que toute la chanson hexagonale veuille s'inclure dans un vaste élan populaire, qu'elle assume sa francophonie et se permette de jouer avec sa langue, qu'elle se cherche un héritage et souhaite en accroître le patrimoine, c'est ce qui m'a paru proche, à tort ou à raison, d'une revendication de sa nationalité française.

*Les paroles, elles sont faciles :*
*Regarde en l'air*
*Le mur de l'Hôtel de Ville,*
*Trois mots dans la pierre.*

*Ce s' rait une chanson parfaite,*
*Un truc profond*
*Pour tous les gens d' la planète,*
*Mettons...*

(Alain Souchon, "Une chanson parfaite",
*Ultra moderne solitude*, 1988)

# *INDEX NOMINUM*

# *GLOSSAIRE*

Alternance codique : Pratique de locuteurs en situation de bilinguisme ou de diglossie, qui consiste à alterner deux langues, parfois dans une même séquence, une même phrase.

Apocope : Procédé qui abrège un mot en supprimant sa (ou ses) dernière(s) syllabe(s).

Assonance : En versification traditionnelle, il s'agit d'une rime imparfaite constituée de l'homophonie de la dernière voyelle du vers, suivie d'une hétérophonie consonantique. Hors d'un contexte métrique, l'assonance désigne au sens large une récurrence phonique de mêmes voyelles.

Autonyme : Qui se désigne lui-même en tant que signe dans le discours. Emploi d'un mot ou d'un énoncé pour sa valeur grammaticale, dans une phrase métalinguistique, qui reprend, par autonymie, un signifiant pour en faire un commentaire ou une analyse.

Autotextuel : Caractère d'un texte ou d'une remarque qui se mettent en référence avec un autre texte du même auteur ou en font une répétition partielle.

Biopic : Œuvre cinématographique qui s'appuie sur le récit de la vie d'un personnage célèbre.

Canteur : Comme le narrateur pour son récit, le canteur est la voix qui s'exprime dans une chanson, celui qui serait susceptible de dire *je*.

Cantologie : Etude de la chanson sous un angle particulier qui vise à mettre en relation le texte chanté avec sa musique.

Catachrèse : Expression figée composée de plusieurs mots soudés. Se distingue du mot composé par le nombre de termes associés.

Césure : Frontière régulière ou traditionnelle que le poète offre dans son mètre long (dit "complexe", souvent les vers de plus de huit syllabes) afin de le scinder en deux hémistiches, grammaticalement autonomes.

Chants amébées : Originaire de la poésie antique, cette structure propose un discours en duo par une alternance régulière des prises de parole.

Coda : Du latin "queue", ce mot désigne en morphologie la consonne qui ferme une syllabe, c'est-à-dire celle qui suit et entrave la voyelle. En musique, le terme désigne la partie terminale d'un morceau. En poésie, il s'utilise également pour décrire un texte qui revient au début, c'est-à-dire qui commence et se termine par la même phrase.

Concaténation : Gradation où un mot se répète d'un membre dans le suivant, accumulation remarquable par son enchaînement.

Cotexte : Environnement verbal dans le discours, par opposition au contexte, environnement situationnel dans le réel.

Clausule : Configuration remarquable qui marque la borne finale d'un fragment de discours.

Détachement : Opération de mise en relief par laquelle un syntagme nominal est isolé du reste de la phrase par une pause et repris par un pronom.

Diglossie : Situation d'un état ou d'une région dans lesquels il existe deux langues distinctes, l'une pour les classes favorisées, l'autre pour les classes défavorisées.

Discours narrativisé : Présence à l'intérieur d'un récit d'une évocation, d'une mention, d'un résumé des paroles qui auraient été prononcées au moment de l'action.

Distique : Ensemble minimal de deux vers unis par une rime et pouvant constituer une strophe.

Epiphénomène : Evénement secondaire.

Epiphonème : Exclamation sentencieuse par laquelle on termine un récit. Constat à valeur générale qui sert de chute à un texte.

Epistémique : Modalité de la phrase qui consiste à inclure de la part de l'énonciateur son degré de certitude (ou de doute).

Epitexte : Paratexte situé à l'extérieur du livre et du texte (entretiens, correspondance, commentaires ultérieurs). Par conséquent, il se résume souvent aux connaissances acquises en amont par le lecteur.

Fatrasie : Accumulation faite d'éléments hétéroclites. Enumération sur le principe du coq-à-l'âne.

Goguette : Société chantante composée d'ouvriers. Type de chanson parisienne, à registre polémique, à partir de la Révolution française.

Hétérométrique : Se dit d'un texte en vers qui juxtapose, tout en se soumettant à des contraintes d'ordre, des vers aux mètres différents (souvent un vers long, appelé "principal" alterne avec un vers court).

Homéotéleute : Présence dans une accumulation ou à la fin de plusieurs syntagmes successifs des mots de même finale sonore. En poésie, cela crée un effet de prose en produisant une perturbation du mètre.

Incipit : Premiers mots d'une œuvre ; soit en poésie, quelques mots ; dans un récit, quelques paragraphes.

Insertif : On parle de verbe insertif pour désigner les locutions que place un narrateur avant un discours inséré afin d'en préciser le déroulement.

Métatextuel : Se dit de commentaires ou de réflexions de l'énonciateur qui portent sur sa propre activité créatrice.

Mise en abyme : Procédé pictural (puis littéraire) qui consiste à faire figurer, en miroir, à l'intérieur d'une œuvre tout ou partie d'elle-même.

Monostiche ou monostique : Groupe métrique (strophe, poème) constitué d'un seul vers.

Morphématique : Relatif à un morphème (plus petite unité du langage, porteuse de sens), composé d'un seul morphème.

Onomastique : Ensemble des noms propres désignant des personnages à l'intérieur d'une œuvre.

Palatal : Par opposition à vélaire, phonème qui se prononce en avant de la mâchoire, dans la région du palais dur, comme les sifflantes ou le [j].

Palimpseste : Terme technique de l'écriture sur parchemin passé en stylistique pour désigner un sous-texte qui sert de référence en filigrane.

Parataxe : Structure dans laquelle les propositions sont disposées côte à côte sans marquer le rapport de dépendance qui les unit.

Paronomase : Rapprochement de mots dont les sonorités sont à peu près semblables mais les significations évidemment éloignées.

Polyphonie : Notion qui consiste à définir et à repérer dans un texte plusieurs énonciateurs.

Prosodie : Structure versifiée d'un poème, ensemble des règles métriques, rimiques et strophiques, qu'il respecte.

Provignement : Mot formé par la dérivation inhabituelle d'un radical. On adjoint à une lexie un suffixe qui existe dans la langue mais n'apparaît pas d'ordinaire avec celle-ci.

Refrain anaphorique : Ensemble de mots qui se répète dans plusieurs strophes du texte et se situe au début de chacune.

Refrain antépiphorique : Plusieurs strophes proposent une répétition identique d'un groupe de mots en leur début et en leur fin.

Refrain épiphorique : Ensemble de mots qui se répète dans plusieurs strophes du texte et se situe à la fin de chacune.

Rime annexée : Une homophonie entre deux vers est répétée ou réutilisée au début de l'unité métrique suivante, enchaînant deux suites phonétiques identiques ou offrant à la rime deux valeurs grammaticales différentes.

Rime calembour : Dite aussi "équivoquée", cette homophonie s'obtient par des enchaînements de mots, des liaisons. Il faut, en écho, plusieurs morphèmes pour que la rime, souvent riche, soit obtenue.

Rime couronnée : L'homophonie est redoublée par une syllabe surnuméraire ou comptée, ce qui répète deux fois dans le même vers la voyelle de rime et ce qui la suit. Par extension, l'homophonie peut être répétée par une suite morphologique très courte qui vient donner au mètre un bref prolongement.

Rime écho : Rime qui répond à la rime appel, c'est-à-dire celle qui crée l'homophonie entre deux vers proches.

Rime estramp : Rime appel qui ne trouve pas dans l'ensemble du poème de rime écho et installe le vers dans une position phonétiquement et structurellement isolée.

Rime interne : L'homophonie finale est relayée par une réduplication à la césure. Le vers est alors dit "léonin". Ceci crée une ambiguïté sur la longueur métrique.

Solécisme : Emploi, fautif dans un cas donné, de formes linguistiques par ailleurs existantes.

Syntagme : Groupe de mots syntaxiquement liés entre eux.

Topos : En grec "lieu", au pluriel "topoi", cet emprunt désigne des formules courantes et attendues selon le type de discours. Par extension, cela désigne une allusion habituelle chez un auteur ou un groupe d'auteurs, une caractéristique et un leitmotiv de leur création.

Translation : Changement de catégorie grammaticale. Il peut s'agir d'une dérivation impropre comme la substantivation d'un verbe ou la conjugaison forcée d'un nom ou d'un adjectif, ou bien de la lexicalisation d'un syntagme. Ce transfert grammatical, sans ajout de morphème dérivationnel, aboutit au néologisme et éventuellement à la métaphore.

Vers blanc : Vers sans rime qui s'intègre dans un ensemble en prose mais respecte une totale uniformité rythmique.

# *DISCOGRAPHIE*

[Selon l'ordre alphabétique des interprètes, nous indiquerons les références des albums qui font l'objet dans l'étude d'une citation de quatre lignes minimum.]

ABD AL MALIK, *Gibraltar*, 2006 (Atmosphériques).
ALDEBERT, *Plateau Télé*, 2000 (Warner Music).
*Sur place ou à emporter*, 2003 (Warner music).
*L'Année du singe*, 2004 (Note A Bene/Up Music).
*Les Paradis disponibles*, 2006 (Up Music).
ANIS, *La Chance*, 2006 (Virgin/EMI).
BARBARA, *barbara*, 1996 (Mercury France/ Philips).
BENABAR, (& ASSOCIES), *La P'tite monnaie*, 1997 (Arion).
*Bénabar*, 2001 (Universal/Jive Records/Virgin).
*Les Risques du métier*, 2003 (Jive Records/Sony Bmg).
*Reprise des négotiations*, 2005 (Jive Epic Group/Sony Bmg)
BRUNI, Carla, *Quelqu'un m'a dit*, 2002 (Naïve/Free demo).
CALI, *L'Amour parfait*, 2004 (Labels/ EMI).
*Menteur*, 2005 (Labels/Virgin/EMI).
CAMILLE, *Le Fil*, 2005 (Virgin/EMI).
CHERHAL, Jeanne, *Jeanne Cherhal*, 2002, (Tôt ou tard).
CHERRIER, Marie, *Ni vue, ni connue*, 2004 (Caro Line/Caro Line).
CLARIKA, *Joker*, 2005 (Emma Productions/ULM/Universal).
COUTURE, CharlElie, *Poèmes Rock*, [1981] 1997 (Island).
CROZE, Pauline, *Pauline Croze*, 2005 (Wagram).
DAHO, Etienne, *Pop Satori*, [1986] 1993 (Virgin Uk).
DA SILVA, *Décembre en été*, 2005 (Tôt ou tard).
DELERM, Vincent, *Vincent Delerm*, 2002 (Tôt ou tard/Warner Music).
*Kensington square*, 2004 (Tôt ou tard).
*Les Piqûres d'araignée*, 2006 (Tôt ou tard).
DIAM'S, *Dans ma bulle*, 2006 (Capitol Music/EMI).
DIONYSOS, *Monsters in love*, 2005 (Barclay).
DOMINIQUE A, *Auguri*, 2001 (Labels).
EICHER, Stephan, *Engelberg*, 1991 (Barclay).
FATAL BAZOOKA, *T'as vu*, 2007 (Up Music).
FONTAINE, Brigitte, *Libido*, 2006 (Polydor).
FREGE, Elodie, *Le Jeu des 7 erreurs*, 2006 (Mercury/Universal).
GRAND CORPS MALADE, *Midi 20*, 2006 (Anouche Productions/AZ Universal).
GOLDMAN, Jean-Jacques, *En passant*, 1997 (Columbia/Sony).

IAM, *L'Ecole du micro d'argent,* [1997] 1999 (Hostile).
KAOLIN, *Mélanger les couleurs*, 2006 (At(h)ome/Wagram).
LAVOINE, Marc, *Lavoine Matic*, 1996 (Bmg France).
LEMAY, Lynda, *Lynda Lemay Live,* 1999 (Wea/Warner Music).
LOUISE ATTAQUE, *Louise Attaque*, 1997 (Atmosphériques).
*Comme on a dit*, 2000 (Atmosphériques/Sony).
*A plus tard crocodile*, 2005 (Atmosphériques).
LUCE, Renan, *Repenti*, 2006 (Barclay/Universal).
MANSET, Gérard, *Prisonnier de l'inutile*, 2004 (Capitol Records).
MARCHET, Florent, *Rio Baril*, 2007 (Barclay).
MATMATAH, *La Cerise*, 2007 (Barclay).
MEDELLIN, Balbino, *Gitan de Paname*, 2006 (Barclay).
MICKEY 3D, *Tu vas pas mourir de rire*, 2003 (Virgin/EMI).
MIOSSEC, *1964*, 2004 (Pias).
NOIR DESIR, *Des visages et des figures*, 2001 (Barclay/Universal).
RAPHAËL, *Caravane*, 2005 (Capitol Music/EMI).
RENAUD, *Boucan d'enfer*, 2002 (Virgin).
RIDAN, *Le Rêve ou la vie*, 2004 (Sony Music).
RUIZ, Olivia, *La Femme chocolat*, 2005 (Polydor/Universal).
SANSEVERINO, *Le Tango des gens*, 2001 (Saint Georges/Columbia/Sony).
SOUCHON, Alain, *Ultra moderne solitude*, 1988 (Virgin/ Bmg Music).
*C'est déjà ça*, 1993 (Virgin).
*La Vie Théodore*, 2005 (Virgin).
TRYO, *Mamagubida*, 1998 (Unknown Label/Yelen/Columbia/Sony).
VOULZY, Laurent, *Belle Île en Mer*, [1986] 1989 (Ariola).
ZAZIE, *Rodéo*, 2004 (Mercury/Uiversal).

# *TABLE DES MATIERES*

**L'HARMATTAN, ITALIA**
Via Degli Artisti 15 ; 10124 Torino
**L'HARMATTAN HONGRIE**
Könyvesbolt ; Kossuth L. u. 14-16
1053 Budapest
**L'HARMATTAN BURKINA FASO**
Rue 15.167 Route du Pô Patte d'oie
12 BP 226
Ouagadougou 12
(00226) 50 37 54 36
**ESPACE L'HARMATTAN KINSHASA**
Faculté des Sciences Sociales,
Politiques et Administratives
BP243, KIN XI ; Université de Kinshasa
**L'HARMATTAN GUINÉE**
Almamya Rue KA 028
En face du restaurant le cèdre
OKB agency BP 3470 Conakry
(00224) 60 20 85 08
harmattanguinee@yahoo.fr
**L'HARMATTAN CÔTE D'IVOIRE**
M. Etien N'dah Ahmon
Résidence Karl / cité des arts
Abidjan-Cocody 03 BP 1588 Abidjan 03
(00225) 05 77 87 31
**L'HARMATTAN MAURITANIE**
Espace El Kettab du livre francophone
N° 472 avenue Palais des Congrès
BP 316 Nouakchott
(00222) 63 25 980
**L'HARMATTAN CAMEROUN**
Immeuble Olympia
Face à la Camair
Yaoundé
harmattancam@yahoo.fr

650993 - Avril 2016
Achevé d'imprimer par